U0107205

Rethinking

Reconstructing

Reproducing

*

—————————

"精神译丛"

在汉语的国土

展望世界

致力于

当代精神生活的

反思、重建与再生产

—————————

*

Que faire?

Louis Althusser

———————————

[法]路易·阿尔都塞 著　陈越　王宁泊　张靖松 译

精神译丛·徐晔 陈越 主编

阿尔都塞著作集·陈越 编

———————

怎么办？

西北大学出版社

·西安·

本译著是国家社会科学基金项目

《阿尔都塞哲学遗著翻译与研究》

（项目号：20BZX010）阶段性成果

路易·阿尔都塞

因为实际上,马基雅维利所教诲的,不正是早在车尔尼雪夫斯基和列宁之前就已提出的难题和问题——怎么办吗?

阿尔都塞《来日方长》[①]

G. M. 戈什加林（G. M. Goshgarian）谨向纳塔莉·莱热（Nathalie Léger，当代出版纪念研究所［IMEC］所长）和她的整个团队，以及弗朗索瓦·鲍达埃尔（François Boddaert）、法比奥·布吕希（Fabio Bruschi）、雅姬·埃潘（Jackie Épain）、吕克·埃潘（Luke Épain）、朱丽叶·勒芒（Julie Le Men）、维多里奥·莫费诺（Vittorio Morfino）、凡妮萨·罗吉（Vanessa Roghi）和洛里·图勒（Laurie Tuller）诸位表示感谢。

目　录

中文版阿尔都塞著作集序

艾蒂安·巴利巴尔

　　为这套大规模的中文版阿尔都塞著作集作序,是我莫大的荣幸。我从 1960 年到 1965 年在巴黎高等师范学校跟随路易·阿尔都塞(1918—1990)学习,后来又成为他的合作者(尤其是《阅读〈资本论〉》的合作者,这部集体著作来源于 1964—1965 年他指导下的研讨班)①。这份荣幸来自这套中文版著作集的负责人,尤其是吴志峰(吴子枫)先生的一再友好要求。后者去年受邀作为访问学者到尤里姆街的高师专事阿尔都塞研究,并特地去查阅了存于"当代出版纪念研究所(IMEC)"的阿尔都塞资料。他在巴黎找到我,和我进行了几次非常有趣的交谈。我要感谢他们的这份信任,并向他们表达我的友情。当然,我也要向这里出版的这些著作的未来读者表达我的友情。由于这些著作来自遥远的大陆,

---

① 路易·阿尔都塞、艾蒂安·巴利巴尔(Etienne Balibar)、罗歇·埃斯塔布莱(Roger Establet)、皮埃尔·马舍雷(Pierre Macherey)、雅克·朗西埃(Jacques Rancière),《阅读〈资本论〉》(*Lire le Capital*, 1965),修订新版,法国大学出版社(Presses Universitaires de France)"战车"丛书(«Quadrige»),1996 年。

长期以来在传播方面存在着种种困难;由于这个大陆与中国有着非常不一样的现代历史(尽管我们现在已经共同进入了"全球化"时代);由于这些著作可以追溯到一个属于"历史的"过去的时代(只有对于其中一些老人不能这么说),也就是说一个被遗忘的时代——所以对中国读者来说,要重新把握他们将要读到的这些文本的意图和言外之意,可能会有一些困难。我相信编者的介绍和注解会大大降低这项任务的难度。就我而言,我这里只想对阿尔都塞这个人以及他的著作进行一个总体的、介绍性的评述,然后我要指出一些理由,说明为什么阿尔都塞著作的中文译本尤其显得有意义,甚至尤其重要。

路易·阿尔都塞是欧洲 20 世纪"批判的"马克思主义的伟大人物之一。他的著作在若干年间曾引起世界性的轰动,然后才进入相对被遗忘的状态。然而,这种状态现在似乎正在让位于一种新的兴趣,部分原因在于,这位哲学家大量的未刊稿在身后出版,非常明显地改变并扩展了我们对他的思想的认识;另一部分原因在于这样一个事实:相对于阿尔都塞去世之时(恰逢"冷战"结束),世界形势又发生了新变化,他所提出来的一些问题,或者说他所提出来的一些概念,现在似乎又再次有助于我们对当前的时代进行反思,哪怕那些问题或概念已经有了与先前不一样的意义(这也是必然的)。

阿尔都塞 1918 年出生于阿尔及尔的一个小资产阶级家庭(确切地说,不能算是一个"侨民"家庭,而是一个在阿尔及利亚工作的公务员和雇员家庭),既受到非常古典的学校教育,又受到非常严格的宗教教育。他似乎在青少年时期就已经是一名非常虔诚的天主教徒,有神秘主义倾向,政治上也偏于保守。1939 年,阿尔都塞通过了巴黎高等师范学校(这是法国培养科学、人文学科教师和研究者的主要机构,招收学生的数量非常有限)的入学考试,就在他准备学习哲学时,第二次世界大战突然爆发了。他的生活因此被整个地打乱。他被动员入伍,其后与成千上万溃败的法国士兵一起,被德军俘虏。他被送到一个战俘营(stalag),在那里待了五年。尽管如此,由于他(作为战俘营护士)的关押条件相对来说好一些,所以可以读书、劳动,并建立大量社会联系,其中就包括与一些共产主义青年战士之间的联系。获得自由后,他恢复了在高师的学习,并很快就通过了教师学衔考试(学习结束时的会考),然后又被任命为准备参加教师学衔考试的学生的辅导教师。他在这个职位上一直干到自己职业生涯结束,并且正是在这个职位上指导了几代法国哲学家,其中有一些后来很出名,比如福柯、德里达、塞尔、布尔迪厄、巴迪乌、布弗雷斯、朗西埃等。有很短一段时期,阿尔都塞继续留在一些天主教战斗团体里(但这次是一些左翼倾向的团体,特别是那些依靠"工人教士"经验、很快就被天主教会谴责并驱逐的团体)①,为它们写了一些短文

① 这是一个叫"教会青年(Jeunesse de l'Eglise)"的团体,组织者是蒙帝克拉尔神父(Père Maurice Montuclard O.P.)和他的女伴玛丽·奥贝坦(Marie Aubertin)。蒂埃里·科克(Thierry Keck)的著作《教会青年(1936—1955):法国进步主义危机的根源》(*Jeunesse de l'Eglise 1936—1955. Aux sources de la crise progressiste en France*)[艾蒂安·富尤(Etienne Fouilloux)作序,巴黎,Karthala 出版社,2004 年]为青年阿尔都塞在"教会青年"团体中所发挥的重要作用、为他在团体中与其他成员结下的长久友谊提供了大量细节。关于前者,扬·穆利耶·布唐(Yann Moulier Boutang)在他的传记中也已指出[译者按:指布唐的《路易·阿尔都塞传》]。

章。1948年,阿尔都塞加入了法国共产党,当时法共的领导人是莫里斯·多列士。法共在德占时期的抵抗运动中为自己赢得了荣誉,并依靠苏联(苏联先是在1943年通过第三国际,而后又通过共产党和工人党情报局,掌控着法共的政策和领导人)的威望,在当时成为法国最有力量的政党,与戴高乐主义势均力敌。当时,尽管党在雅尔塔协定的框架下实际上放弃了夺取政权的努力,但革命的希望依然很大。同一时期,阿尔都塞认识了埃莱娜·里特曼-勒戈蒂安,后者成了他的伴侣,再后来成了他的妻子。埃莱娜比阿尔都塞大将近十岁①,战前就已经是法共党员了,此时还是一个地下党抵抗组织的成员。但在事情并非总是能得到澄清的情况下,她被指控有"托派倾向",并被开除出党。她对阿尔都塞政治观念的形成,尤其是在他对共产主义运动史的表述方面,影响很大。

　　冷战期间,共产党人知识分子即便没有成为镇压②的对象,至少也是怀疑的对象,同时他们本身也因知识上的极端宗派主义态度而变得孤立(这种知识上的宗派主义态度的基础,是日丹诺夫1947年宣布的"两种科学"的哲学教条——这种教条还扩展到了哲学、文学和艺术领域)。这期间阿尔都塞主要只在一些教育学杂志发表了几篇文章,他在这些文章中提出了关于"历史唯物主

---

　　① 埃莱娜(1910—1980)比阿尔都塞(1918—1990)实际大八岁。——译注

　　② "镇压"原文为"répression",在本书中,我们将依据上下文并根据中文表达习惯将它分别译为"镇压"或"压迫",即当它与"剥削"成对出现时,译为"压迫";当它与"意识形态"成对出现时,译为"镇压"。另外值得注意的是,精神分析中的"压抑"也是这个词。——译注

义"和"辩证唯物主义"的一些论点;他还就历史哲学中一些占统治地位的思潮进行了一次讨论。所以他当时与"战斗的马克思主义"保持着距离。① 在教授古典哲学之外,他个人的工作主要涉及政治哲学和启蒙运动时期的唯物主义者,以及帕斯卡尔和斯宾诺莎,后两位作为古典时期"反人道主义"的反命题形象,自始至终都是阿尔都塞获得灵感的源泉。在接下来研究"黑格尔哲学中的内容观念"②的"高等教育文凭"论文中,阿尔都塞同样在继续深化他对黑格尔和"马克思哲学著作"的认识,尤其是那些当时才刚出版的马克思青年时期的著作。毫无疑问,阿尔都塞的政治观念在当时与共产党内占统治地位的路线是一致的,尤其是在"社会主义阵营"发生危机(如 1956 年的匈牙利革命)和殖民地发生战争(包括阿尔及利亚战争,法共对起义持有限的支持态度)的时刻。③

---

① 青年阿尔都塞在一篇文章的题铭中以颇具斯大林主义特点的口吻引用了日丹诺夫的话[译者按:阿尔都塞引用的话是"黑格尔的问题早已经解决了"]。这篇《回到黑格尔:大学修正主义的最后废话》(*Le retour à Hegel. Dernier mot du révisionnisme universitaire*)是为了反对让·伊波利特(Jean Hyppolite)而写的,后者不久就成为他高师的朋友和合作者,并经常以自己对黑格尔的阐释反对科耶夫(Kojève)的阐释。这篇文章 1950 年发表在《新批评》(*La Nouvelle Critique*)上,后收入《哲学与政治文集》(*Écrits philosophiques et politiques*)第 1 卷,斯多克出版社/当代出版纪念研究所(Stock/IMEC),1994 年,第 243—260 页。

② 1947 年 10 月,阿尔都塞在巴什拉的指导下完成高等教育文凭论文《论 G. W. F. 黑格尔思想中的内容》(*Du contenu dans la pensée de G. W. F. Hegel*)。正文中提到的标题与这里的实际标题不同。——译注

③ 从这种观点看,他在 1978 年的未刊稿《局限中的马克思》(«Marx dans ses limites»)中对戴高乐主义的分析非常具有启发性。参见《哲学与政治文集》第 1 卷,前引,第 428 页及以下。

接下来的时期具有一种完全不同的特性。随着 1956 年苏共二十大对"斯大林罪行"的披露,以及随后 1961 年二十二大"去斯大林化"运动的掀起,整个共产主义世界("铁幕"内外)都进入了一个混乱期,再也没有从中恢复过来。但马克思的思想却正在获得巨大声誉,尤其是在那些青年大学生当中——他们受到反帝战争榜样(特别是阿尔及利亚战争和越南战争)和古巴革命成功的激发,从而感受到专制社会结构的危机正在加剧。让-保罗·萨特,当时法国最著名的哲学家,在他 1960 年的《辩证理性批判》中宣布:马克思主义是"我们时代不可超越的哲学地平线"①。而马克思主义理论的性质问题,无论是对于共产党组织和它的许多战士来说,还是对于大量的知识分子,尤其是哲学家以及人文科学方面的专家、艺术家和作家来说,都成了一个很伤脑筋的问题。阿尔都塞的几次干预——关系到对马克思思想的阐释和对"社会主义人道主义"难题的阐释——产生了预料不到的反响,先是在法国,后来又波及国外。1965 年出版《保卫马克思》(由写于 1960 年至 1965 年的文章汇编而成)和《阅读〈资本论〉》(和他的学生艾蒂安·巴利巴尔、罗歇·埃斯塔布莱、皮埃尔·马舍雷和雅克·朗西埃合著)之后,阿尔都塞成了著名哲学家,无论在法国还是在海外,无论是在共

---

① "因此,它[马克思主义]仍然是我们时代的哲学:它是不可超越的,因为产生它的环境还没有被超越。[……]但是,只要社会关系的变化和技术进步还未把人从匮乏的桎梏中解放出来,马克思的命题在我看来就是一种不可超越的证明。"参见 Jean-Paul Sartre, *Critique de la raison dialectique*[1960], Paris, Gallimard, 1985, pp. 36,39;也参见《辩证理性批判》,林骧华等译,安徽文艺出版社,1998 年,第 28,32 页。译文有修改。——译注

产党和马克思主义圈子内,还是在那个圈子外,都引发了大量争论和论战。他似乎成了他自己后来所说的"人道主义论争"(它搅动了整个法国哲学界)的主角之一。阿尔都塞所捍卫的与基督教的、存在主义的、马克思主义的人道主义相对立的"理论反人道主义",显然以一种间接的方式,不仅从哲学的层面,而且还从政治的层面,否定了赫鲁晓夫去斯大林化运动中占统治地位的倾向。他抨击经济主义和人道主义的结合,因为在他眼里,这种结合是占统治地位的资产阶级意识形态的特征,但有些人却以此为名,预言两种社会体系即资本主义和社会主义会"合流"。不过,他是通过一些与(列宁去世后被斯大林理论化并在整个共产主义世界被官方化了的)"辩证唯物主义"毫不相关的理论工具,以一种哲学观的名义来进行抨击的。阿尔都塞提出的哲学观,不顾一些文本上的明显事实,抛弃了马克思主义当中的黑格尔遗产,转而依靠斯宾诺莎的理智主义和唯物主义。在阿尔都塞的哲学观看来,斯宾诺莎是意识形态理论的真正奠基人,因为他把意识形态看作是构成个人主体性的社会想象结构——这是一种马克思预示了但同时又"错失了"的理论。正因为如此,阿尔都塞的哲学观强有力地促进了斯宾诺莎研究和斯宾诺莎主义影响的"复兴"——他的这整个时期都打下了这种影响的印记。阿尔都塞的哲学观还同时从卡瓦耶斯(1903—1944)、巴什拉(1884—1962)和康吉莱姆(1904—1995)的"历史的认识论"中借来一种观念,认为"常识"和"科学认识"之间存在着一种非连续性(或"断裂"),所以可以将知识的辩证法思考为一种没有合目的性的过程,这个过程通过概念的要素展开,也并不是服从于意识的优先地位。而在笛卡尔、康德和现象学对真理的理论阐述中,意识的标准是占统治地位的。最后,这种哲学在马克思的思想和弗洛伊德的思想之间寻求一种"联盟"。弗洛伊德作为精神分析的奠基人，当时仍然被官方马克思主义忽视甚至拒斥，但另一方面，他的这个地位却被拉康(1901—1981)所复兴。对于阿尔都塞来说，这里关键的是既要指出意识形态与无意识之间的相互构成关系，又要建构一种关于时间性和因果性因而也是关于实践的新观念。

由于所有这些创新，阿尔都塞的哲学话语大大超出了马克思主义者的争论圈子，更确切地说，他将这些争论变成了另一个更普遍的哲学事业的一个方面，那个哲学事业不久就被称为**结构主义**(尽管这个词的含义并不明确)。因此，阿尔都塞成了结构主义和马克思主义的相遇点，得到了双方的滋养。在他的学生看来，他为两者的"融合"带来了希望。像所有结构主义者一样，他发展了一套关于**主体**的理论，这个**主体**实际上不是认识和意志的理想的"起源"①，而是诸多社会实践的、各种制度的、语言的、各种想象形态的"后果"，是一种"结构的行动"②。与其他结构主义者

———————

① "起源"原文"origine"，同时也有"起点"的意思。值得指出的是，阿尔都塞一贯反对"起源论"，在他看来，唯物主义哲学家(比如伊壁鸠鲁)"不谈论世界的起源(origine)这个无意义的问题，而是谈论世界的开始(commencement)"。参见《写给非哲学家的哲学入门》(*Initiation à la philosophie pour les non-philosophes*)，法国大学出版社，2014 年，第 66 页。——译注

② "结构的行动(action de la structure)"这个词是由阿尔都塞和拉康共同的门徒伊夫·迪鲁(Yves Duroux)、雅克-阿兰·米勒(Jacques-Alain Miller)、让-克洛德·米尔内(Jean-Claude Milner)所组成的那个团体发明的。参见再版的《分析手册》(*Cahiers pour l'Analyse*)(这是高等师范学校认识论小组的刊物)，金斯顿大学(Université de Kingston)主持编印，第 9 卷(文章只署了 J.-A.米勒的名字)(http://cahiers.kingston.ac.uk/pdf/cpa9.6.miller.pdf)。

不同,他试图定义的结构概念不是(像在数学、语言学甚至人类学中那样)以识别形式的**不变式**为基础,而是以多重**社会关系**的"被过度决定的"结合(其具体形象在每种历史**形势**中都会有所改变)为基础。他希望这样能够让结构的概念不但服务于对社会**再生产**现象的分析,而且还首先服务于对**革命**阶段现象的分析(在他看来,当代社会主义革命就是革命的典范)。这样一来,历史就可以被同时思考为(没有主体的)过程和(没有合目的性的)事件。

　　我一直认为,这种哲学的建构,或更确切地说,由这种哲学建构所确立起来的研究计划,构成了一项伟大的事业,它的全部可能性还没有被穷尽。它身后还留下了好些未完成的难题性,比如对理论和艺术作品进行"症状阅读"的难题性(它肯定影响了德里达的"解构"),还有"有差别的历史时间性"的难题性(时常接近于被阿尔都塞完全忽视了的瓦尔特·本雅明的思想)——这两种难题性都包含在《阅读〈资本论〉》阿尔都塞所写的那部分当中。但在接下来的时期,从1968年五月事件之前开始(虽然阿尔都塞没有参与其中,但这个事件给他带来了创伤性的后果),阿尔都塞对自己的哲学进行了根本的改写。他进入了一个**自我批评**期,然后在新的基础上**重构**了自己的思想,但那些基础从来就没有一劳永逸地确定下来。他没有忘记斯宾诺莎,但通过放弃结构主义和"认识论断裂",他力图为哲学,并由此为历史理论,赋予一种直接得多的政治性。由于法共官方发言人和他自己一些(成为在五月运动之后建立起来的"毛主义"组织生力军的)青年学生同时指责他低估了阶级斗争以及哲学中的阶级立场的重要性,阿尔都塞开始重新估价这种重要性,虽然是根据他自己的方式。这里不能忘记的是,这种尝试是在一种特别的语境中展开的,这个语境就是,在欧洲,发生了重要的社会运动和社会斗争,同时在"左派"即极端革命派倾向与改良主义倾向之间产生了分裂,改良主义在20世纪70年代的结果是所谓的"欧洲共产主义"的形成,而后者在改变法国、意大利和西班牙的政治博弈方面最终失败,随后被新自由主义浪潮所淹没。当时阿尔都塞似乎通过一种他力图为自己的思想所发明的新配置,撤退到一些更经典的"马克思主义"难题上去了(但另一方面,"后结构主义"哲学家们却越来越远离马克思主义;尽管在这个诊断底下,还需要作更细致的辨别)。然而,他的有些难题还是获得了广泛的共鸣,这一点我们在今天可以更清楚地感觉到。尤其是他关于"意识形态唤问"①"意识形态国家机器"构成的理论就是这样——它是1970年从当时一份还

---

① "唤问"原文为"interpellation",其动词形式为"interpeller",它的含义有:(1)(为询问而)招呼,呼喊;(2)(议员向政府)质询,质问;(3)[法]督促(当事人回答问题或履行某一行为);(4)(警察)呼喊,追问、质问,检查某人的身份;(5)强使正视,迫使承认;(6)呼唤(命运),造访。詹姆逊把它解释为"社会秩序把我们当作个人来对我们说话并且可以称呼我们名字的方式",国内最早的《意识形态和意识形态国家机器》译本译为"询唤",系捏合"询问"和"召唤"的生造词,语感牵强,故不取。我们最初使用了"传唤"的译法(参见《哲学与政治:阿尔都塞读本》,陈越编,吉林人民出版社,2003年),似更通顺;但由于"传唤"在法语中另有专词,与此不同,且"传唤"在汉语中专指"司法机关通知诉讼当事人于指定的时间、地点到案所采取的一种措施",用法过于狭窄,也不理想。考虑到这个词既是一个带有法律意味的用语,同时又用在并非严格司法的场合,我们把它改译为"唤问",取其"唤来问讯"之意(清·黄六鸿《福惠全书·编审·立局亲审》有"如审某里某甲,本甲户长,先投户单,逐户唤问"一说)。在有的地方也译为"呼唤"。——译注

没发表的手稿《论社会关系的再生产》①中抽出来的。这一理论对于分析**臣服**和**主体化**过程具有重大贡献。今天,在当时未发表的部分公之于世后,我们会发现,对于他的一些同时代人,例如被他们自己的"象征资本"和"权力关系"问题所纠缠的布尔迪厄和福柯来说,它代表了一种激励和巨大的挑战。它在今天尤其启发着一些法权理论家和强调话语"述行性"的女性主义者(尤其是朱迪斯·巴特勒)。② 阿尔都塞关于马基雅维利的遗著《马基雅维利和我们》(写于 1972—1976 年)出版后,也让我们能更好地了解那些关于意识形态臣服形式再生产的思考,是如何与关于集体政治行动的思考接合在一起的,因为政治行动总要以"挫败"意识形态为前提。这些思考响应着他对哲学的"实用主义的"新定义。哲学不是认识的方法论或对历史概念的辩证考察,而是一种"理论中的阶级斗争",或更一般地说,是一种思想的**战略**运用,旨在辨别出——哪怕最抽象的——话语之间的"力量对比",这种力量对比所产生的作用不是保持(葛兰西曾称之为**领导权**作用)就是抵抗和背叛事物的现存状态。

这一时期阿尔都塞的哲学工作(经常因各种政治论争和他自己不时的躁狂抑郁症的影响而打断和分心),与其说是建立了一

①　路易·阿尔都塞,《论再生产》(*Sur la reproduction*),法国大学出版社,"今日马克思:交锋"丛书(Collection «Actuel Marx:Confrontations»),2011 年第 2 版。

②　见朱迪斯·巴特勒(Judith Butler)《权力的精神生活:臣服的理论》(*The Psychic Life of Power, Theories in Subjection*,1997)和《易兴奋的言辞:述行语的政治》(*Excitable Speech. A Politics of the Performative*,1997)。

个体系,不如说是构成了一片堆放着各种开放性问题的大工地,其中**主体性和政治行动**之间关系的难题,以某种方式替代了**社会结构和历史形势**之间关系的难题。更确切地说,他是要使这个难题变得复杂化,在某种程度上是要解构它。比起此前的阶段,这个时期更少完整的体系性建构,更少可以被视为"阿尔都塞哲学"原理的结论性"论点"。但这一时期存在着一种"理论实践",一种时而大胆时而更具防御性的思考的努力,它证明了一种受到马克思主义启发的思想的转化能力,证明了在当下和当下的变化中追问现实性(actualité),也就是说在追问(福柯所说的)"我们之所是的存在论"时,政治与哲学之间的交叉相关性。我们都知道,这种努力被一连串(相互之间可能并非没有联系的)悲剧性事件所打断:首先,在集体方面,是"现实的社会主义"和马克思主义思想的全面化危机开始了(在 1977 年 11 月由持不同政见的意大利共产主义团体《宣言报》组织的关于"后革命社会中的权力和对立"威尼斯研讨会上,阿尔都塞本人通过一次著名的发言对这一危机作出了诊断)①;其次,在个人方面,是阿尔都塞 1980 年 11 月在躁狂抑郁症发作时杀死了自己的妻子埃莱娜(这导致他被关入精神病院,直到 20 世纪 80 年代中期才从那里离开过

---

① 《宣言:后革命社会中的权力和对立》(*Il Manifesto*:*Pouvoir et opposition dans les sociétés postrévolutionnaires*),色伊出版社(Editions du Seuil),1978 年。阿尔都塞这次发言的文本现在还收入阿尔都塞另一文集《马基雅维利的孤独》(*Solitude de Machiavel*)中,伊夫·桑多默(Yves Sintomer)整理并评注,法国大学出版社,"今日马克思:交锋"丛书,1998 年(第 267—280 页)。

阿尔都塞在会议上所作的发言题为《马克思主义终于危机了!》——译注

几年）。

一些重要的同时也比以前更为片段式的文稿（虽然其中有几篇比较长）恰好产生于接下来的时期。首先是一部自传文本《来日方长》（写于1984年），其中披露了和他的生活、思想变化有关的一些珍贵资料——这部著作的中文版已经先于这套阿尔都塞著作集出版了。① 正如通常在自传写作中也会有"辩护的"一面那样，因为阿尔都塞的这部自传受到他自我批评倾向甚或自我惩罚倾向的过度决定，所以最好不要把它所包含的那些"披露"或"忏悔"全部当真。我们仍缺少一部完整的阿尔都塞传记（扬·穆利耶·布唐早就开始写的《阿尔都塞传》至今没有完成）。② 大家尤其会注意到这一时期专门围绕"偶然唯物主义"这个观念所写的那些断章残篇。"偶然唯物主义"是阿尔都塞为了反对"辩证唯物主义"而造的一个词，他用它来命名一条看不见的线索。这条线把古代希腊-拉丁原子论哲学家（德谟克利特、伊壁鸠鲁、卢克莱修）与一些经典然而又异类的思想家，如马基雅维利（因为他关于"能力"和"幸运"统治着政治事件的理论）、斯宾诺莎（因为他对自然和历史中合目的性观念的坚决反对）、卢梭（因为他在《论人与人之间不平等的起源和基础》中把人类文明的开始

---

① 路易·阿尔都塞，《来日方长》，蔡鸿滨译，陈越校，上海人民出版社，2013年。——译注

② 扬·穆利耶·布唐（Yann Moulier Boutang），《路易·阿尔都塞传（第一部分）》[*Louis Althusser : une biographie (1ᵉʳ partie)*]（即《路易·阿尔都塞传：神话的形成（1918—1956）》——译注），Grasset 出版社，1992年（2002年再版袖珍本）。

描绘为一系列偶然事件)、阿尔都塞所阐释的马克思(阿尔都塞把马克思从其黑格尔主义中"滗了"出来),乃至与当代哲学的某些方面比如德里达(因为他对起源观念的批判和他关于踪迹"播撒"的理论)连接了起来。说实话,关于偶然唯物主义的那些主题在阿尔都塞思想中算不上是全新的,它们只是以一种新的哲学"代码"重新表述了那些从一开始就存在的立场,并使之变得更激进了(尤其是由于阿尔都塞强调,在对历史进行概念化的过程中,"形势"具有优先性)——这一点已经由最近一些评论者明确地指了出来。① 与那些主题共存的是一种对共产主义的表述:共产主义不是人类发展的一个未来"阶段",而是一种"生活方式",或一些在资产阶级社会"空隙"中就**已经存在**的、逃避各种商品形式统治的实践的集合。这个隐喻可以远溯到伊壁鸠鲁,中间还经过马克思(关于商品交换在传统共同体"缝隙"或"边缘"发展)的一些提法②。这些主题的未完成性、片段性,与一

① 尤其见爱米利奥·德·伊波拉(Emilio de Ipola)的著作《阿尔都塞:无尽的永别》(*Althusser, El infinito adios*),Siglo XXI Editores,2007 年(法文译本 *Althusser. L'adieu infini*,艾蒂安·巴利巴尔序,法国大学出版社,2012 年),以及沃伦·蒙塔格(Warren Montag)的著作《阿尔都塞及其同时代人:哲学的永久战争》(*Althusser and His Contemporaries: Philosophy's Perpetual War*),杜克大学出版社(Duke University Press),2013 年。

② 参见马克思《资本论》,《马克思恩格斯文集》第 5 卷,人民出版社,2009 年,第 97 页:"在商品生产者的社会里,一般的社会生产关系是这样的:生产者把他们的产品当作商品,从而当作价值来对待,而且通过这种物的形式,把他们的私人劳动当作等同的人类劳动来互相发生关系。对于这种社会来说,崇拜抽象人的基督教,特别是资产阶级发展阶段的基督教,如新教、自

个时代(我们的时代)的精神是相一致的。这个时代的特点就是，一方面，各种权力关系和统治关系是否能持久，还具有很大的不确定性；另一方面，文化和社会的变化正在成倍增加，它们是不是

然神教等，是最适当的宗教形式。在古亚细亚、古希腊罗马等的生产方式下，产品变为商品、从而人作为商品生产者而存在的现象，处于从属地位，但是共同体越是走向没落阶段，这种现象就越是重要。真正的商业民族只存在于古代世界的空隙中，就像伊壁鸠鲁的神只存在于世界的空隙中，或者犹太人只存在于波兰社会的缝隙中一样。这些古老的社会生产机体比资产阶级的社会生产机体简单明了得多，但它们或者以个人尚未成熟，尚未脱掉同其他人的自然血缘联系的脐带为基础，或者以直接的统治和服从的关系为基础。它们存在的条件是：劳动生产力处于低级发展阶段，与此相应，人们在物质生活生产过程内部的关系，即他们彼此之间以及他们同自然之间的关系是很狭隘的。这种实际的狭隘性，观念地反映在古代的自然宗教和民间宗教中。只有当实际日常生活的关系，在人们面前表现为人与人之间和人与自然之间极明白而合理的关系的时候，现实世界的宗教反映才会消失。只有当社会生活过程即物质生产过程的形态，作为自由结合的人的产物，处于人的有意识有计划的控制之下的时候，它才会把自己的神秘的纱幕揭掉。但是，这需要有一定的社会物质基础或一系列物质生存条件，而这些条件本身又是长期的、痛苦的历史发展的自然产物。"另见《来日方长》中阿尔都塞本人的论述："当时我坚持这样的看法：从现在起，'共产主义的小岛'便存在于我们社会的'空隙'里(空隙，这个词是马克思——仿照伊壁鸠鲁的诸神在世界中的形象——用于描述古代世界最初的商业中心的)，**在那里商品关系不占支配地位**。实际上，我认为——我在这一点上的思考是和马克思的思想相一致的——共产主义的唯一可能的定义——如果有朝一日它在世界上存在的话——就是**没有商品关系**，因而没有阶级剥削和国家统治的关系。我认为在我们当今的世界上，确实存在着许许多多的人类关系的小团体，都是没有任何商品关系的。这些共产主义的空隙通过什么途径才能遍及整个世界呢？没有人能够预见——无论如何，不能再以苏联的途径为榜样了。"见阿尔都塞《来日方长》，前引，第240—241页。——译注

会"结合"成某种独特的文化形式(同时也更是政治形式),则完全无法预见。在这种语境中,"最后的阿尔都塞"的断章残篇,具有撼动其他已确立的价值的巨大价值(因为它们永远盯着一部分人对另一部分人的统治问题,盯着被统治者获得解放的希望问题)。但是,我们显然不应该期待这些文章能为我们所生活的世界提供完整而切近的解释。

今天中国公众将有一套中文版阿尔都塞著作集,这是一件非常重要、非常令人高兴的事,因为迄今为止,翻译到中国的阿尔都塞著作还非常少。① 当然,这套著作集的出版是一个更大的进程的一部分,这个进程让这个国家的知识分子、大学师生甚至广大公众,能够接触到"资本主义"西方知识生产的整个成果(而他们曾经在几十年间得不到这样的机会),因而这个进程也会使得这套著作集的出版在这个"全球化"世界的知识交流中发挥

---

① 感谢吴志峰先生提供的线索,我很高兴在这里提醒大家,早在 1984 年 10 月,商务印书馆(北京)就出版了顾良先生翻译的《保卫马克思》(附有 1972 年的《自我批评材料》)。这是个"内部发行"版,只有某些"内部"读者可以得到。在此之前,顾良先生翻译了《马克思主义和人道主义》一文,发表在《哲学译丛》1979 年 12 月第 6 期上,这是中国发表的第一篇阿尔都塞的文章。1983 年,乔治·拉比卡在巴黎十大(南特大学)组织召开纪念马克思逝世 100 周年研讨会,我在会上认识了顾良先生,从此我们成了朋友。顾良先生是外文出版社(北京)的专业译者[译者按:顾良先生当时实际上在中央编译局工作],尤其参加过毛泽东著作法文版的翻译,但同时他还利用挤出来的"自由时间",把一些自己认为重要的法国哲学家和历史学家的著作翻译成中文。顾良先生是把阿尔都塞著作翻译成中文的先行者,在这里我要向他致敬。

重要作用(正如在其他领域已经发生的情况那样)。当然,希望法国公众自己也能更多地了解中国过去曾经发生和今天正在发生的哲学争论。而就目前来说,除了一些专家之外,翻译上的不充分构成了一个几乎不可克服的障碍。最后,这还有可能引起我们对翻译问题及其对思想范畴和历史命运的普遍性产生影响的方式进行共同的思考。① 但我想,中国读者之所以对阿尔都塞的知识和政治轨迹感兴趣,还有一些特别的原因:因为阿尔都塞多次与中国有交集,更确切地说,与在"毛泽东思想"指引下建设的中国共产主义有交集,并深受后者的影响。从另一方面来说,我们自己也需要对阿尔都塞与中国的这种相遇持一种批判的眼光,因为它很可能过于依赖一些在西方流传的神话,其中一些变形和过分的东西必须得到纠正。中国读者对我们向他们传回的他们的历史形象所作的反应,在这方面毫无疑问会对我们有所帮助。

阿尔都塞与毛泽东思想的第一次"相遇"发生在两个时刻,都与《矛盾论》有关,这一文本现在通常见于"四篇哲学论文"②,后者被认为是毛泽东根据自己 1937 年在延安印发的关于辩证唯物

---

① 在英语世界,这方面出现了一批特别值得关注的著作,比如刘禾(Lydia H. Liu)的研究(她在纽约哥伦比亚大学任教)。参见刘禾主编的《交换的符码:全球化流通中的翻译难题》(*Tokens of Exchange:The Problem of Translation in Global Circulations*) ,1999 年由杜克大学出版社出版。

② 应指 *Quatre essais philosophiques*(《毛泽东的四篇哲学论文》法文版),外文出版社 1966 年出版,内收《实践论》《矛盾论》《关于正确处理人民内部矛盾的问题》《人的正确思想是从哪里来的?》等四篇论文。——译注

主义的讲授提纲而写成的①。早在 1952 年,《矛盾论》就被翻译成法文,刊登在法共官方刊物《共产主义手册》上。今天我们了解到,对这篇文章的阅读让阿尔都塞震惊,并给他带来了启示。② 一

① 毛泽东原标题为《辩证法唯物论(讲授提纲)》,系使用了"matérialisme dialectique"的旧译法。据《毛泽东著作选读》(人民出版社,1986 年,第 179 页)的说明,《矛盾论》是《辩证法唯物论(讲授提纲)》第 3 章中的一节《矛盾统一法则》。"这个讲授提纲一九三七年九月曾印过油印本,一九四零年由延安八路军军政杂志社出版单行本,均未署作者姓名。《矛盾论》,一九五二年四月一日在《人民日报》正式发表。"又据布唐《路易·阿尔都塞传:神话的形成》(前引,第 473 页),毛泽东《矛盾论》的法文译本分两期发表于《共产主义手册》(1951 年 2 月号、1952 年 8 月号)。另外,此处作者有误,四篇哲学论文中的《关于正确处理人民内部矛盾的问题》是毛泽东 1957 年 2 月 27 日在最高国务会议第十一次(扩大)会议上的讲话,《人的正确思想是从哪里来的?》是毛泽东 1963 年 5 月修改《中共中央关于目前农村工作中若干问题的决定(草案)》时增写的一段话,两者都不是根据关于辩证唯物主义的讲授提纲而写成的。——译注

② 这些信息哲学家吕西安·塞夫早就告诉了我。在 2015 年 3 月《思想》杂志组织召开的阿尔都塞著作研讨会上,吕西安·塞夫在演讲中再次提到这一点。塞夫本人过去也是阿尔都塞在高师的学生,然后又成为阿尔都塞的朋友,他是 20 世纪 60 年代法共内部围绕辩证法和马克思主义人道主义问题进行的争论的主角之一。在(1966 年在阿尔让特伊召开的中央委员会上)法共领导层用各打五十大板的方式"解决"了罗歇·加罗蒂的人道主义马克思主义和阿尔都塞的"反人道主义的"马克思主义之间的冲突之后,吕西安·塞夫正式成为党的哲学家,虽然他在"辩证法的颠倒"和哲学人类学的可能性问题上与阿尔都塞观点相左,但他与后者却一直保持着非常友好的私人关系,他们之间的通信持续了三十多年。已经预告要出版的他们之间的通信集,对于理解法国共产主义这一时期的历史和阿尔都塞在其中所占据的位置来说,将成为一份首屈一指的重要文献。

方面,作为不到三年以前获得胜利的中国革命的领袖,毛对阿尔都塞来说似乎是一个"新列宁":实际上自 1917 年以来,共产党的领袖第一次既是一位一流的马克思主义哲学家(即一位货真价实的哲学家),又是一位天才的政治战略家,他将革命力量引向了胜利,并显示了自己有能力用概念的方式对革命胜利的根据进行思考。因此,他是理论和实践相统一的化身。另一方面,毛的论述完全围绕着"事物对立统一的法则"进行,把它当作"唯物辩证法的最根本法则",而没有暗示任何别的"法则"(这与斯大林 1938 年在《论辩证唯物主义和历史唯物主义》——它本身受到恩格斯《自然辩证法》笔记的启发——中的论述相反),尤其是,毛还完全忽略了"否定之否定"这条在官方马克思主义当中最明显地从黑格尔"逻辑学"那里继承下来的法则。最后,在阐述"主要矛盾和次要矛盾""矛盾的主要方面和次要方面""对抗性矛盾和非对抗性矛盾"等概念,在阐述这些不同的项之间相互转化的可能性(这决定了它们在政治上的使用)时,毛没有满足于形式上的说明,而是大量提及中国革命的特殊性(尤其是中国革命与民族主义之间关系的变化)。根据吕西安·塞夫的证词,阿尔都塞当时认为,人们正面临着马克思主义哲学史上的一次决定性革新,可以完全更新关于马克思主义哲学的理解和教学(尤其在"党校"中),结束在他看来构成这方面特点的教条主义和形式主义。然而在当时,阿尔都塞对这些启示还没有进行任何公开的运用。①

---

① 关于这些哲学文本是否能归到毛泽东名下的问题,尤其是它们与毛泽东此前学习过并能从中得到启发的苏联"范本"相比具有多少原创性的问题,引发了大量的讨论和争论:参见尼克·奈特(Nick Knight)的详细研究

这种运用出现在十年之后。当时为了回应由他的文章《矛盾与过度决定》(最初发表于1962年12月,后收入1965年出版的《保卫马克思》)所引发的批评,他在一篇标题就叫《关于唯物辩证法(论起源的不平衡)》的文章(该文发表于《思想》杂志1963年8月号,后也收入《保卫马克思》)中提出,要对唯物辩证法的难题进行全面的改写。我不想在这里概述这篇论文的内容,大家可以在中文版《保卫马克思》中读到它;它是阿尔都塞最著名的文章之一,是我在上文描述过的他最初那套哲学的

《1923—1945年的中国马克思主义哲学:从瞿秋白到毛泽东》(*Marxist Philosophy in China*:*From Qu Qiubai to Mao Zedong*,*1923—1945*),多德雷赫特(Dordrecht),斯普林格(Springer)出版社,2005年。从这本书中我们可以特别了解到,《矛盾论》的研究只是毛泽东围绕"辩证法的规律"所作的几次报告之一,这就意味着事实上他并没有"排除否定之否定"。尽管如此,毛泽东只愿意发表(大概还重新加工了)这次论矛盾作为"对立同一"的报告,让它广为发行,这个事实本身就完全可以说明问题。另一方面,1966年出版的"哲学论文"集还包括其他文本(尤其是其中的《实践论》同样来自延安的讲稿),而阿尔都塞从来没有对那些文本感兴趣。

  注意,正文中的"对立统一"和脚注中的"对立同一",原文分别为"unité des contraires"和"identité des contraires",它们均来自对《矛盾论》的法文翻译。而《矛盾论》原文中的"同一(性)"和"统一(性)"两种提法,意思是等同的。如文中明确指出:"同一性、统一性、一致性、互相渗透、互相贯通、互相信赖(或依存)、互相联结或互相合作,这些不同的名词都是一个意思。"参见《毛泽东著作选读》,人民出版社,1986年,第168页。在引用列宁的论述时,毛泽东也把"统一"和"同一"看作是可以互换的同义词,如上引第173页,"列宁说:'对立的统一(一致、同一、合一),是有条件的、一时的、暂存的、相对的。'"——译注

"基石"①。我只想提醒大家注意一个事实：阿尔都塞在这里把毛变成了两种观念的持有人甚至是发明人。在他看来，这两种观念标志着与马克思主义中黑格尔遗产的"断裂"：一是关于一个总体（本质上是社会的、历史的总体，如1917年的俄国，20世纪30年代的中国、60年代的法国）的各构成部分的**复杂性**的观念，这种复杂性不能化约为一个简单而唯一的原则，甚或某种本质的表现；二是关于构成一切发展或过程的**不平衡性**的观念，这种不平衡性使得矛盾的加剧带来的不是"超越"（就像黑格尔的否定之否定模式一样），而是"移置""凝缩"和"决裂"。以上涉及的只是阿尔都塞对毛的观念发挥的"纯"哲学方面，但还应该考察这种发挥的政治"形势"的维度。问题来自这样一个事实，即在1963年，毛泽东对法国共产党来说还是一位不知名的作者，而且无论如何，人们认为他不够正统（此外葛兰西也一样被认为不够正统，虽然理由相反）。这种糟糕的接受状况，是由中共和苏共之间在政治上已经很明显的不和所过度决定的，这种不和包含着20世纪国家共产主义大分裂的某些预兆，也标志着它的开始。在这种冲突中，法共采取了自己的立场，最终站在苏联一边，也就是赞同赫鲁晓夫，反对毛，但这种归顺并非是立即就发生的，远非如此。1956年苏共二十大召开之时，在自己的讲话中引用斯大林（1953年去世）的共产党领袖只有多列士和毛，而且他们联手反对公开发表赫鲁晓夫揭露斯大林罪行、掀起去斯大林化运动的"秘密报告"。

---

① "基石"的提法来自列宁，参见《马克思主义的三个来源和三个组成部分》，《列宁选集》第2卷，人民出版社，2014年，第312页："剩余价值学说是马克思经济理论的基石。"——译注

这时阿尔都塞在自己的文章中批判人道主义,宣布"个人崇拜"范畴无效(说它"在马克思主义中是找不到的"),拒绝用"斯大林主义"这个概念(他总是更喜欢用"斯大林偏向"的概念),最后,更是赞美毛的哲学天才并加以援引,这些合在一起,在法共的干部和领袖们身上造成的后果,怎么能不加以考虑呢？这些极可能是在努力延续旧的方式,以抵制"去斯大林化",而不是为"从左面批判"斯大林主义提供新的基础——尽管"从左面批判"斯大林主义可能与他的目标更加一致。对此还要补充的是,法国共产党(和其他共产党)中的去斯大林化更多地只是说说而已,并没有实际行动,而且根本没有触动党的运行方式(所谓"民主集中制")。

这显然不是要通过附加评注的方式(就像他对待毛泽东的《矛盾论》一样)把阿尔都塞的意图归结为一些战术上的考虑,或归结为把赌注押在党的机器内部张力上的尝试。我更相信他想指出,面对任何控制和任何被强加的纪律,一个共产党人知识分子(其介入现实是无可厚非的)可以并且应该完全自由地把他随便在哪里发现的理论好处"占为己有"(何况他还同样引用过葛兰西,尽管是以更多带有批评的方式引用,同时又力求把后者从当时被利用的方式中剥离出来。因为葛兰西当时被用于为陶里亚蒂领导下的意大利共产党的路线辩护,而这条路线带有"极端赫鲁晓夫色彩",赞成一种更激进的去斯大林化运动)。但我同样认为,阿尔都塞不可能这么天真,会不知道在共产主义世界对理论权威的引用,总是起着对知识分子进行鉴别和分类的作用。想根据那些引用本身来避免"偏向"是靠不住的。无论如何,这些引用事后肯定使得阿尔都塞更容易与"亲华"立场接近,尽管这又带来了一些新的误会。①

接近和误会出现在几年之后,出现在我们可以视为阿尔都塞
与毛主义**第二次相遇**的时刻。但这次的相遇发生在全然不同的
环境中,并且有着完全不同的目标。1966 年 12 月,受到中国当局
的鼓舞,一部分人从共产主义大学生联盟分裂出来,正式创建了
"毛主义"组织马列共青联(UJCML)。这个团体的许多领袖人物
都是阿尔都塞的学生或门徒,尤其是罗贝尔·林阿尔,阿尔都塞
一直与他保持着友好关系,后来还和他一道对许多主题进行了反
思:从苏联突然转向极权政体的根源,到"工人调查"的战斗实践。
这些个人的原因并不是孤立的。在当时西方一些最激进(或最反
对由西方共产党实施的不太成功的"议会民主"战略)的共产党人
知识分子身上,可以看到对中国"文化大革命"(1966 年正式发
动)的巨大兴趣。他们把这场革命阐释为或不如说想象为一场由

---

① 关于这篇序言,我和刘禾有过一次通信,她提到一个值得以后探索的
问题。她说:"我在重新思考 1964 年阿尔都塞对人道主义的批判,联想到差
不多同时在中国也曾发生类似的辩论,尤其是周扬的文学批评。阿尔都塞和
周扬都把苏联作为靶子。那么我想问一下,阿尔都塞当时对周扬 1963—1964
年期间的文章有没有了解? 他读过周扬吗? 比如他能不能看到《北京周报》
(*Pekin Information*)上的那些文章? 法共和左翼知识分子当时有没有订阅那份
刊物? 如果没有的话,你们通过其他什么渠道能看到中国马列理论家在 20 世
纪 60 年代所发表的文章?"我的回答是,阿尔都塞恐怕没听说过那场辩论,至
少我本人不记得他提起过,而且这方面也没有翻译。刘禾在给我的信中还
说:"无论是阿尔都塞还是周扬(他是文学批评家,曾当过文化部副部长),都
在批评赫鲁晓夫的修正主义。因此毫不奇怪,两人对'人道主义'也有同样的
批评,都称之为'小资产阶级意识形态'。我对这个问题很感兴趣,因为周扬

青年工人和大学生发动的、受到反对自己党内"资产阶级化"领导人和社会主义中"资本主义倾向"的毛泽东支持的激进民主化运动，目的是反对中国党和政府内的官僚主义。因此，阿尔都塞从毛主义运动伊始就对它持同情态度（虽然他肯定是反对分裂的），并且在某些时候，任由自己在法共的纪律（他总是希望对法共施加影响）和与毛主义青年的合作之间"玩两面手法"。恰好 1967 年发表了一篇《论文化大革命》的匿名文章（"马列共青联"理论和政治机关刊物《马列主义手册》第 14 期，出版时间署的是 1966 年 11—12 月），人们很快就知道，这篇文章实际上是阿尔都塞写的。① 在这篇文章中，阿尔都塞虽然也援引了中国共产党解释"文化大革命"、为"文化大革命"辩护的声明，但他以自己重建的历史

曾出席继万隆会议之后亚非作家协会 1958 年在塔什干举办的第一次大会，在那次大会上，第三世界作家是以'人道主义'的名义谴责殖民主义和帝国主义的，[我认为弗朗兹·法农《全世界受苦的人》（ Les Damnés de la Terre ）也同属一个思想脉络]。你对'中共与苏共之间的政治分歧'这一语境中出现的'社会主义人道主义'的讨论，作了精彩的分析，这让我对万隆精神所体现的人道主义与社会主义人道主义之间的复杂纠缠，产生很大的兴趣。在我看来，这里的关键似乎是人道主义的地缘政治，而非'小资产阶级意识形态'的问题。我强调地缘政治的原因是，美国国务院曾经暗中让几个亚洲国家（巴基斯坦、菲律宾、日本等国）代表美国对万隆会议进行渗透，迫使周恩来对《世界人权宣言》中的一些人权条款作出让步。目前已经解密的美国国务院的档案提醒我们，恐怕还要同时关注冷战中在马克思主义的辩论之外的'人道主义'话语。"

　① 我们可以在电子期刊《错位：阿尔都塞研究》上看到这篇文章，它是 2013 年贴到该网站的：http://scholar.oxy.edu/decalages/vol1/iss1/8/[译者按：参考阿尔都塞《来日方长》，前引，第 366 页]。

唯物主义为基础,给出了一种阐释。而早在《保卫马克思》和《阅读〈资本论〉》中,他就已经开始从社会形态各层级或层面的角度重建历史唯物主义了。"文化大革命"作为"群众的意识形态革命",是要对意识形态上层建筑进行革命,这正如夺取政权是解决政治上层建筑问题,改造生产关系是解决经济下层建筑问题一样。而这场发生在意识形态上层建筑中的革命,从长远来说,本身将成为其他两种革命成功的条件,因而作为阶级斗争的决定性环节,它恰好在意识形态中展开(构成意识形态的除了观念之外还有姿态和风俗——人们会在他后来对"意识形态国家机器"的定义中发现这种观点)。[1]

　　这样玩两面手法,使阿尔都塞在政治上和情感上付出了极高的代价。因为其结果是,这两个阵营的发言人立即就以极其粗暴的方式揭露了他。所以我们要思考一下,是什么促使阿尔都塞冒这样的风险。除了我上面提到过的那些个人原因,还要考虑到这样一个事实,即他所凭借的是错误的信息,它们实际上来自宣传,而在中国发生的那些事件的真正细节他并不清楚。他从那些信

——————

　　[1]　在简要介绍阿尔都塞与毛主义的"第一次相遇"时,我主要关注他与创建"马列共青联"的那些大学生之间的关系。那些人有很多是阿尔都塞的学生和朋友,在我看来这方面是主要的。我把另一个问题搁在了一边:要了解阿尔都塞后来在什么时候与夏尔·贝特兰(Charles Bettelheim)——贝特兰本人经常访问北京(他还炫耀过自己与周恩来的私人关系),并在国际共产主义运动的分裂中站在中国一边——建立了联系。无论如何,这最晚是在《阅读〈资本论〉》出版之后发生的事情。《阅读〈资本论〉》产生了一个长期后果,决定了两"拨"研究者之间的合作,这一点可以从他们某些出版物找到一些蛛丝马迹。

息中看到"从左面批判斯大林主义"的一些要素,但其实这种批判可能并不存在,或者并不是"主要方面"。除此之外,我认为还有一种更一般的原因,植根于阿尔都塞最深刻的"共产主义"信念。国际共产主义运动的分裂在他看来是一场悲剧,不但削弱了"社会主义阵营",还削弱了反资本主义和反帝国主义的整体力量。但他认为,或者他希望这只是暂时的,因为要共同对抗帝国主义。他显然没想到,恰恰相反,这次正好是帝国主义和资本主义可以在社会主义国家之间"玩弄"意识形态和地缘政治的对抗把戏,好让它们服从自己的战略,为它们"改换阵营"铺平道路。我推想当时阿尔都塞还认为,一旦统一重新到来,"马克思主义哲学家"必将在那一天齐聚一堂,携手并进,复兴重铸马克思主义理论的革命事业,在某种程度上像"正在消失的"中间人那样起作用(或"消失在自己的干预中",像他1968年在《列宁和哲学》中所写的那样)。以上原因(当然只是从我这一方面提出的假设),说明了为什么阿尔都塞想要同时保持与两个阵营的友好关系,或不与任何人决裂(这显然是无法实现的目标,并注定会反过来对他自己不利)。

我并不想暗示阿尔都塞与"毛泽东思想"以及与西方毛主义运动之间关系的变迁,包含着他哲学思想和政治思想转移的"秘密",尽管前者有助于解释那些内在的张力;我更不想暗示那些关系的变迁构成了中国读者今天对阿尔都塞思想及其历史感兴趣的主要原因。尽管如此,我还是想承担一切风险对它们进行总结,为的是一个超出趣闻轶事的理由:在当今世界,中国占据着一个完全是悖论性的位置……为了预见我们共同的未来,我们既需要理解它的真实历史,也需要理解之前它在国外被接受的形象

（特别是研究"革命"和"阶级斗争"的哲学家和理论家所接受的形象），以便把两者区别开来，形成一些新概念，建立一些新形象。阿尔都塞著作在中国公众中的传播，以及对这些著作语境的尽可能准确的认识，是上述理解的一部分（哪怕是微小的部分）。

最后，我要再次感谢请我写这篇序言的朋友，并祝已经开始出版的这套著作集的所有未来读者阅读愉快，希望他们带着尽可能批判的态度和最具想象力的方式去阅读。

2015 年 3 月 22 日于巴黎

（吴子枫 译）

法文版编者说明

若弗鲁瓦·米夏埃尔·戈什加林①

这本《怎么办?》是阿尔都塞在 1978 年撰写的未完稿,根据一份有作者多处亲笔修改的 95 页打字文稿的复印件编就,在此首次出版。这份复印件中的 4 页②有文字脱漏,但它似乎是保存在这位哲学家档案里的唯一文本依据;这些档案存放在卡昂的当代出版纪念研究所③。

与《怎么办?》打字文稿一同保存的,还有一份注释清单,注明了对 1975 年由瓦伦蒂诺·杰拉塔纳(Valentino Gerratana)主编出

---

① Geoffroy Michael Goshgarian 先生是《怎么办?》一书的法文版编者(文稿整理、注释者)和英文版译者。——译注

② 原文为"3 页",计算有误,现据英文版编译者说明(与本说明大同小异)修改。文稿中文字脱漏处出现在法文版第 70—71,122—126 页(见本书页边码)。——译注

③ 路易·阿尔都塞去世后,他的档案资料被其亲属于 1991 年 7 月移交给位于卡昂的当代出版纪念研究所(Institut mémoires de l'édition contemporaine,缩写为 IMEC),由该所负责确保这一资料库的科学整理和出版事宜。——译注

版的安东尼奥·葛兰西《狱中札记》意大利文版(*Quaderni del carcere*)的参照。有的注释包含一些简短说明,均为意大利文;其中有一条唯一不是打字的注释,并非阿尔都塞的笔迹。本书所有涉及《狱中札记》的脚注都来自这份清单。编者只是用罗贝尔·帕里斯(Robert Paris)主编、伽利玛出版社出版的法文版《札记》中的出处,置换了意大利文版《札记》中的出处。① 编者还添加了打字文稿中缺失的注释标记。

其他所有脚注均为编者注,仅有一处例外②。文本各章的划分和它们的标题也是编者所为。编者还校正了拼写和标点方面的错误,以及少数几处笔误,并将自行加入的一些文字放入方括号中(例如用[Thémistocle]③取代"Démosthènè")。④

---

① 在葛兰西《狱中札记》全本——尤其是按照笔记本顺序编辑出版的版本——有中译本之前,我们还无法效仿法文版编者的做法,为读者提供中文版方面的参照。——译注

② 指第23页的阿尔都塞原注。——译注

③ 正文(第119页)直接译成中文,作"[特米斯托克力]"。——译注

④ 法文版编者为中文版译者提供了一张勘误表,订正了原版中的一些误植,中文版均一一改正并注明。译者在翻译中也注意到一些可能的误植,对译文作了相应的调整,并加注说明。——译注

一

"怎么办?"中的"怎么"①

Le « Que » de « Que faire ? »

① 本书借用了车尔尼雪夫斯基和列宁都用过的书名,中文译界约定俗成的译法都是"怎么办?",而俄文"Что делать?"及其法文翻译"Que faire ?",直译都应该是"做什么?"。因此,本章标题直译就是:"'做什么?'中的'什么'"——这个"什么",指的就是本章提出的"对具体情况作具体分析"的任务。——译注

怎么办？　　　　　　　　　　　　　　　　　　　　　　15

列宁的老问题，开创了布尔什维克党的建设和实践。对一个懂得马克思主义理论的共产党人而言，这是个不同寻常的问题。

这是个政治问题。

怎么办，才能有利于引导①和组织工人与民众的阶级斗争，使之战胜资产阶级的阶级斗争？②

———————

① 原文为 orientation，名词，"确定方向"的意思，或译"方针"。——译注

② "注意工人运动的形成所屈从的条件：**资产阶级的阶级斗争对工人的阶级斗争的统治**。如果你认为阶级斗争是**工人阶级**反对社会不公正、反对不平等乃至反对资产阶级剥削的**造反行为**，一句话，如果你把阶级斗争简化为工人阶级反对**既定的**剥削条件的斗争，并简化为资产阶级对这种斗争的回击，那么你对阶级斗争所抱的观念就是错误的。这里被遗忘的恰恰是：剥削条件是在先的，形成剥削工人的条件的过程正是资产阶级的阶级斗争的基本形式，因而剥削本身就已经是阶级斗争，而**资产阶级的阶级斗争是在先的**。原始积累的全部历史都可以被看作是**资产阶级通过阶级斗争而生产工人阶级的过程**，正是这个阶级斗争过程创造了资本主义的剥削条件。如果这个论点是正确的，那么我们就会很清楚地看到：资产阶级的阶级斗争在哪方面从一开始就统治着工人的阶级斗争，为什么工人的阶级斗争需要那么长的时间才成形并找到自己的存在形式，为什么阶级斗争从根本上来说就是**不对等的**，为什么阶级斗争在资产阶级那边和在无产阶级这边通过不一样的实践而进行，以及为什么资产阶级要通过意识形态国家机器强加一些**形式**，**预防**工人阶级的革命行动，并使之屈从于自己。"见阿尔都塞，《论再生产》，吴子枫译，西北大学出版社，2018 年，第 431—432 页。译文略有修改。——译注

这个简单问句里的所有词都要掂量一下。

怎么办，才能有利于引导**和**组织工人与民众的阶级斗争？我们看到，引导或政治路线**先于**组织，这肯定了政治路线对于党和党的建设——①**根据**政治路线建立的党的组织——的优先性。

怎么办，才能有利于引导和组织工人与民众的阶级斗争？我们看到，引导（路线）和组织（党）**取决**于工人与民众的阶级斗争。

因而党是政治路线的工具，而政治路线本身是对当前工人与民众的阶级斗争的表达，也就是说，是对——同资产阶级的阶级斗争倾向相对抗的——这种斗争倾向的表达。

那么，一切都取决于对工人与民众的阶级斗争——在同资产阶级的阶级斗争的对抗中——的当前倾向这一"**具体情况作具体分析**（*l'analyse concrète de la situation concrète*）"②，因而取决于对这种**对抗**作具体分析，这种对抗同时把资产阶级构成为统治和剥削的阶级，又把工人阶级构成为被统治和被剥削的阶级。

如果说，马克思，至少针对资本主义生产方式，的确坚守了矛

---

① 此处原本由法文版编者加进"［sur］"（"［对于］"），在他提供给译者的勘误表中删除。——译者

② 弗拉基米尔·列宁，《共产主义》，见《全集》（*Œuvres*），法译本，巴黎/莫斯科，社会出版社/进步出版社（Éditions sociales／Éditions du Progrès），1956 年起，第 31 卷，第 168 页。毛泽东在《矛盾论》中引用了这一提法，见《毛泽东选集》（*Œuvres choisies*），第 1 卷，北京，外文出版社，1966 年，第 361 页。——原编者注

列宁在《共产主义》中关于"对具体情况作具体分析"的论述，见《列宁全集》，第 39 卷，人民出版社，1986 年，第 128 页。毛泽东在《矛盾论》中的引用见《毛泽东选集》，第 1 卷，人民出版社，1991 年，第 312 页。这里的 situation（"情况"）在别处一般译为"局势"或"境况"。——译注

盾对于各对立面——也就是阶级斗争对于各阶级——的优先性的论点,因而也就是阶级对抗对于各阶级的优先性的论点,①那么**因此,正是这种对抗本身**,应当成为"对具体情况作具体分析"的对象。

否则,我们就会陷入"庸俗社会学"。否则,我们就会一方面分析资产阶级,另一方面分析工人阶级,以为自己能把两者分开来加以认识。这就好比我们以为通过"分析"各球队的阵容,而不是分析它们的**对决**,就能认识一场足球赛。没有对决,世上就没有什么足球队。

当我们说矛盾对于各对立面的优先性、阶级斗争对于各阶级的优先性时,我们只是在陈述一个抽象原则。因为,必须在现场,在"具体"中,去看看这种对抗历史地获得了怎样的形式,这种对抗给它所构成的各阶级赋予了怎样的历史形式,**直至其细节**。为

① 路易·阿尔都塞,《答约翰·刘易斯》(*Réponse à John Lewis*),巴黎,马斯佩罗出版社(Maspero),"理论"丛书(«Théorie»),1973 年,第 28 页以下。——原编者注

"马克思列宁主义告诉我们完全不同的事情:**阶级斗争**(新概念)是历史的**原动力**(新概念),它驱动、'推动'着历史向前,并完成革命。这个论点极其重要:因为它把阶级斗争摆在第一位。……在《共产党宣言》的论点中,出现在第一位的,再也不只是被剥削阶级等,而是阶级斗争。的确应该看到,这个论点对于马克思列宁主义是决定性的。因为它在革命派和改良派之间划出一条根本的分界线……"随后阿尔都塞同样提到足球队的例子。见阿尔都塞,《自我批评论文集》,杜章智、沈起予译,远流出版公司,1990 年,第 60 页以下。译文有修改。"阶级斗争是历史的原动力",是阿尔都塞借用马克思《法兰西阶级斗争》中"革命是历史的原动力(moteur,中文版《马克思恩格斯全集》译为'火车头')"的说法,对《共产党宣言》基本论点的提炼。——译注

了理解这些原则的意义和丰产性,我们就不可避免要"实地(sur le terrain)"去对事情进行分析,直至其最小的细节。

我们如何能够做到这种"对具体情况作具体分析"呢? 比如说,如何能够知道,对于一名冶金业、石化工业、"家庭"或产业化农业的劳动者,一名铁路员工,一名银行业或社会保险业的职员等而言,在他们生活、劳动、被剥削条件①的细节方面所发生的事情?

有人相信,只要向那些有关的人发出号召就够了,只要要求他们:向我们讲述一下你们的生活、你们的劳动、你们受到的剥削,等等。例如《人道报星期日杂志》(*L'Humanité Dimanche*)②就是这么做的,它号召所有有关的读者向他们讲述"贫困"。③ 于是报

① 复数的 conditions,本书译为"条件";单数的 condition 除列举某种"条件"外,一般译为"状况"。——译注

② 由法国共产党中央委员会机关报《人道报》(*L'Humanité*)主办的周刊。——译注

③ "跟我们说说你们的生活";"我们想收集你们的见解,恳请你们参与到一项广泛的调查中,让有关你日常生活、苦难、斗争和希望的真理显露出来";"行动、真理、希望:《人道报星期日杂志》用 100 个问题获取 30000 份答复。让我们有所认识",《人道报星期日杂志》,1977 年 1 月 5—11 日,第 49 期,封面和第 27 页。"四周内……数十万共产党人将走访他们的邻人,建议他们在'今日苦难与希望备忘录'中描述自己的生活。重要的是,这是由法国人自己实现的一种大型测试……""让真理显露,让不公退去,乔治·马歇(Georges Marchais)宣称",《人道报》,1977 年 1 月 7 日,第 4 页。参见路易·阿尔都塞 197[7] 年 2 月 8 日致埃莱娜·里特曼(H.Rytmann)的信,《致埃莱娜的信,1947—1980》(*Lettres à Hélène*, 1947—1980),O.科尔佩(O.Corpet)编,巴黎,格拉塞出版社/当代出版纪念研究所(Grasset/IMEC),2011 年,第 679—680 页。——原编者注

乔治·马歇,1972—1994 年任法国共产党总书记。——译注

社收到数量可观的来信,说句题外话,它们正在总编的办公室里睡大觉呢。① 不错。劳动者在写作,他们说了很多有趣、闻所未闻、令人震惊的事情。这可以是**一种**用于具体分析的素材,但不是一种具体分析。

有人相信,不用准备,只要实地去询问劳动者就够了。要么向他们提出问题——但我们知道,自发的问题并非自发,它们都逃不出提问者头脑中已有"观念"的圈套——而劳动者说出他们**想**说的事情。要么设法让他们讲述,尽可能少干预,但这种情况下,劳动者还是说出他们想说的事情,而且,就算他们说出自己知道的**一切**,有件事可以肯定:他们知道得总是比他们自以为知道的多得多(或少得多)。这**多得多的**,他们说不出来,因为他们不知道自己知道。这**少得多的**,则被他们自以为知道的事情所掩盖。② 这种"采访"同样可以是**一种**用于具体分析的素材,但不是一种具体分析。

我们不能不去实地,并开始认真倾听劳动者——但我们也不能不为这种相遇**作准备**。重要的不是为建立"良好沟通"(属于由"人际关系"所制造的那一类沟通)作心理的准备:重要的是某种**理论的和政治的**准备。正因为这一点,我们可以说,**具体分析和**

19

---

① "《人道报》每天都在传播从苦难与希望备忘录上收集到的这些证词","关于一个民族生活和希望的无可比拟的证词",《人道报》,1977 年 2 月 14 日,第 1 页。这场"苦难与希望"活动在整个 1977 年及稍后一些时间继续进行。——原编者注

② 阿尔都塞在页边亲笔批注:"重要的不是提问,而是高声让人反思:人们会(在交谈中)**发现**他们不知道自己知道的事情。"见第 82 页[译者按:指法文版页码,即本书页边码]。——原编者注

马克思主义理论——或对认识条件的政治觉悟/意识①——完全是一回事。唯一不同的是对象的范围。

列宁说:不仅是为了自己认识自己,并且为了把自己构成为一个有觉悟/意识的②阶级(也就是说,有一个能够引导、统一和组织其斗争的党),工人阶级应当最大程度地考虑在自身之外、在资产阶级方面发生的事情。它不能只满足于知道在自己身上发生的事情,从而满足于自己认识自己;它也应当去看到和理解在另一方面发生的事情。重要的不是单纯的好奇心。重要的是同时把握对抗的两个项,**以便能够将对抗作为构成这两个项的东西来把握**,将阶级斗争作为把各阶级划分为各阶级、从而构成各阶级的东西来把握。否则,工人阶级就会始终被拘束在自己受剥削的视野里,没有前途的反抗与乌托邦的梦想并存,并且在这种禁闭状态中,服从于资产阶级的阶级斗争的一切压制和操控。

为了能够把握这种对抗,为了能够理解这种把各阶级划分为各阶级的阶级斗争机制,单靠"自觉/自我意识"③是不够的。意大利电视台最近在阿尔法·罗密欧工人的劳动场所询问了他

① conscience,本书一般译为"意识";个别地方考虑语义和汉语习惯,需要优先译为"觉悟",则采用"觉悟/意识"的表述形式。——译注

② consciente,本书一般译为"有意识的";个别地方考虑语义和汉语习惯,需要优先译为"有觉悟的",则采用"有觉悟/意识的"表述形式。——译注

③ conscience de soi,本书一般译为"自我意识";个别地方考虑语义和汉语习惯,需要优先译为"自觉",则采用"自觉/自我意识"的表述形式。——译注

们。① 这是一些劳动者的先锋,有高度的觉悟/意识。我们看到了他们所做的一切,他们也说出了他们所知道的一切。这是独立车间的一些工人,他们在阿尔法·罗密欧庞大的生产劳动过程中占据了一个单独的位置。尽管他们在车间中、在劳动中是孤立的,但最终还是能够对他们工厂的生产过程——不仅对他们自己工厂中的劳动过程,而且对在工厂外部形成的分包的存在,甚至对阿尔法·罗密欧的经济和财务政策,对它的投资、市场等——的结构和机制形成某种观念。极为罕见的是,他们甚至还达到了某种意识:意识到这个体系**对他们自己产生的后果**,对他们自身的劳动条件、对他们受到的剥削、对这种剥削与他们自身的劳动力再生产条件(他们的住房,他们的家庭、妻子、子女、学校、社会保障、出行,他们的汽车,等等)之间的关系所产生的后果。更令人惊讶的是,某种程度上,他们甚至还理解了他们的孤立和他们的无知(在这种状态中,垄断企业阿尔法·罗密欧用它的政策,甚至包括它的劳动组织和分工,来掌握工人)**是他们被剥削条件的组成部分**;因为这种孤立和无知是资产阶级的阶级斗争**形式之一**,目的是防止他们获得**正确的**集体意识,从而防止他们的请愿行动或政治行动取得功效。

21

---

① 可能是指纪录片《工厂劳动笔记:工厂里的生活》(«Appinti sul lavoro di fabbrica:una vita in fabbrica»),由 RAI 2[意大利广播电视公司电视二台]的"编年史"节目组在阿尔法·罗密欧的阿雷塞-波泰洛(Arese-Portello)生产地摄制,于 1977 年 12 月 28 日首播。——原编者注

阿尔法·罗密欧(Alfa Romeo)是意大利轿车和跑车制造商,创建于 1910年,总部设在米兰。现为菲亚特集团旗下公司。——译注

因此,他们在自身"获得意识(prise de conscience)"①方面已经走得很远——而我特别要强调的是,就此而言,这属于"意识"的一种例外情况,离开意大利"冶金工(métallos)"②斗争的背景是难以理解的。他们多年来大大超出传统工会请愿(捍卫工资水平,反对加快节奏,等等)的框架,以便干预劳动过程的组织及其对工人的控制,甚至干预雇用他们的托拉斯的投资政策。我们在法国远远看不到这样的例子。

但同样是这些劳动者,虽然显示了如此非同寻常的分析能力,却在一个不可逾越的困难上"绊住了"。尽管他们知道在他们的工厂和托拉斯中发生的事情,但对于在菲亚特③那里因而也就是在同一生产部门中实际发生的事情,他们却没有任何类似的观念,而对于国民生产其他部门——冶金业、纺织业、石化工业、矿业、农业、运输业、销售托拉斯和金融托拉斯等——中发生的事

22

---

① 《乔治·马歇:沿着二十二大的道路前进》(« Georges Marchais: avancer sur la voie du XXIIᵉ Congrès»),《人道报》,1978 年 4 月 28 日,第 7 页。——原编者注

prise de conscience,"获得意识"(呼应上文"获得正确的集体意识"),也可以译为"获得觉悟"。下文则意译为"觉醒"。这个说法出自乔治·马歇的报告。——译注

② 作者使用了 métallurgiste(冶金工人)一词的俗语缩写,所以加引号。——译注

③ 出自意大利都灵汽车制造厂(Fabbrica Italiana Automobili Torino)的缩写 Fiat。菲亚特集团现为意大利汽车等制造业以及工程技术领域的垄断巨头。在作者写作本书之后的 1986 年,阿尔法·罗密欧公司被菲亚特集团收购。——译注

情,**绝对没有任何观念**。然而,如果人们对阿尔法·罗密欧不单在汽车生产和汽车市场中,而且在冶金业、在纺织业、在塑料工业、在石化工业、在橡胶制造业中的**地位**没有一个尽可能完整的观念,就绝对不可能对于是什么**决定**着在阿尔法·罗密欧发生的事情形成一个观念——那些工业都和汽车生产有直接关系,因为它们为后者提供成品,以及制造车辆的原料。如果人们不理解汽车生产在经济生产整体中,也就是在现有各部门整体中,所占据的确定**位置**,他们就绝对不可能理解是什么决定着汽车生产在整个国民生产中的存在和重要性。若要理解这种位置本身,除非人们真的愿意一方面考虑资本在寻求利润率最大化时的竞争——这种竞争解释了资本在汽车部门(而非其他部门)中的投资,另一方面考虑这种投资在资产阶级经济战略整体中的地位,而这一战略又是和资产阶级的阶级斗争分不开的。

听起来也许令人惊讶,但有研究证明,小汽车,这种以往是为富人的好奇心和奢侈欲提供的对象,它的**大量**(*de masse*)生产,因而也就是价格较低的、**为大众**(*pour les masses*)——也就是**为劳动者**——提供的各种汽车的生产,由美国福特公司有意识开创的大量生产,**是同资产阶级的阶级斗争旧战略的全面改写联系着的**。

过去,工厂主在其工厂周围建造工人住房。这不仅对于矿业(矿工宿舍)而且对于冶金业和纺织业(工人新村)来说,都是常见的做法。这种解决办法自有其好处:工人没有通勤(=损失时间)的需要,他们能够在早上精神饱满地来到劳动岗位。工厂主在当地有他自己的商店、他的教堂、本堂神父和学校。他可以在劳动方面和出售食品衣物方面,对他的员工进行双倍剥削。他尤其可以就近监视他的员工,并通过劳动方面的剥削,通过消费方面的依

23

24

赖和收益,也通过他的本堂神父和学校老师,任意支配他们。

但这种在同一场所的双重集中——劳动过程方面的集中和劳动力及其再生产的维持方面的集中——也有严重弊端。首先是只有在对住房建设等进行投资的条件下,才能增加劳动力。工厂主碰到了这第一重限制。而他尤其是碰到了第二重限制,即这种双重集中增进了劳动者之间的交流,并使他们在斗争中获得了可怕的力量。

马克思①曾强调工人在生产过程方面的**集中**对于阶级利益的"觉醒"②和集体斗争的组织所发挥的作用。当劳动过程方面的集中又叠加了居住方面的集中,当劳动场所和居住场所实际上成了一回事,当工厂**仅有的**这些劳动者又被聚集在同一居住区,可以想象这种双重集中对于"觉醒"和斗争会造成怎样的爆炸性后果。如果说,在工人斗争史上,矿工长期以来都充当先锋,其次是码头工人和冶金业劳动者,再次是纺织业劳动者,那么这并不是一件偶然的事。

在这一威胁到其剥削的安全保障的严重危险面前,**资产阶级改变了战略**。它放弃在工厂周围建设"工人新村"的老做法,它放

25

---

① 卡尔·马克思、弗里德里希·恩格斯[M.赫斯(M.Hess)、J.魏德迈尔(J.Weydemeyer)],《德意志意识形态》(*L'Idéologie allemande*),M.吕贝尔(M. Rubel)、L.埃弗拉尔(L.Évrard)和L.让诺韦(L.Janover)译,见卡尔·马克思,《著作集》(*Œuvres*),M.吕贝尔主编,第3卷:《哲学》,巴黎,伽利玛出版社(Gallimard),"七星文库"(Bibliothèque de la Pléiade),1982年,第1120—1123页;《共产党宣言》(«Le Manifeste du Parti communiste»),M.吕贝尔和L.埃弗拉尔译,《著作集》,第1卷:《经济学》,一,巴黎,伽利玛出版社,"七星文库",1963年,第170页以下。——原编者注

② prise de conscience,前文译为"获得意识",参见第10页,注释①。——译注

弃自己从中获取的一切好处,采用了另一种方针①。

需要越来越多的劳动者,而为了雇佣他们,就不能依赖于那种"城市规划",用工人新村、矿工宿舍或其他方式来安置他们。需要能够雇佣居住在任何地方的任何劳动者,即便有距离,即便很遥远,无论多远;也需要能够"玩弄"市场的波动,在一个部门增加或减少劳动人手,或者将其转入另一部门。劳动人手的"流动性"对于帝国主义资本主义的发展,对于它在资本投资及其转移方面的"游戏"来说,已成为绝对条件之一。资本需要最终完全从它仅限于在工厂周围建设工人新村这种固定资本投资的旧桎梏中解放出来。**资本的流动性——它服从于寻求**(平均利润率基础上的)**利润最大化——使劳动人手的流动性成为必要**,实际上,就是使劳动人手从不得不靠近工厂的居住场所解放出来成为必要。显然——其理由与第一个理由并无二致(因为当资产阶级的目标就是从作为阶级斗争的剥削中获取利润最大化时,它同时也应当确保其剥削的社会与政治**保障**的最大化)——显然,为了抵抗诞生于双重集中的工人斗争,需要**把劳动者最大限度地分散开来**。他们通过劳动过程的集中被聚集在一起就已经够了;不需要**再把**他们额外地聚集在工厂周围的工人新村里!

这些都不是想象中的变动,而是事实。我并没有凭揣测其意图来随便指控资产阶级。我们有许多文本、文告,以及由资产阶级自己的专家撰写的研究成果,**证明该阶级完全意识到自身在工人住房政策方面"转向"的阶级特性**:它意识到这种"转向"要预防怎样的危险,也意识到自己期待这种转向带来怎样的后果。

----

① 参见第 5 页,注释①。——译注

27　　当然,这种在工人居住方面的"转向",把住房选择权完全交给工人(随你住哪里,我不想知道),同时,也把工人甩给由一整套复杂的、看似偶然的进程构成的逻辑——其中,伴随着最厚颜无耻的政治(奥斯曼摧毁了巴黎市中心的工人居住区,以开辟宽大的交通干道,而 1848 年以后的枪炮正是借此得以"创造奇迹"①),城市地租起了主导作用——这有助于把大批工人赶到郊区,而郊区耕地逐渐被侵占。金融资本、城市地租和政治就这样共同导致了新的资本主义城市规划中居住区阶级特性的更新。被驱赶到远郊的工人尽可能住了下来,而当人们觉察到,被集中在生产中的工人还是太危险,便试图"改变他们的精神",更直截了当地说,就是**通过让他们对所有物感兴趣**,通过让他们购买在郊区的小房子和小花园,诱使他们远离阶级斗争。这就是独立房屋政策,它被毫不掩饰地明确构想出来,被公开宣称为**工人阶级去政治化的必不可少的手段**。做了业主的工人,所有时光都被用于打理房子和花园,远离所有"咖啡馆"②,再加上长期贷款和小家庭的束缚——你还能为资本主义梦见什么更好的保证!

―――――――――

① 指拿破仑三世时代的官员乔治-欧仁·奥斯曼（Georges-Eugène Haussmann, 1809—1891）在任塞纳区行政长官期间（1853—1870 年）主持的巴黎改建规划。该规划旨在缓解城市迅速发展与其滞后的功能结构之间的矛盾,其核心是城市干道网和其他基础设施建设。这次改建奠定了巴黎的现代城市格局,同时也引发了巴黎人口从市中心向郊区的大规模迁移,并形成贫富阶层的地理分割。在 1848 年以前的多次人民起义中,巴黎原本狭窄蜿蜒的中世纪街道为起义者进行街垒战和游击战提供了便利,而改建后的宽阔街道则使政府军可以轻而易举地运输部队和部署火力。——译注

② 打引号的"咖啡馆",盖指议论政治的集合场所。——译注

我们就此回到汽车的话题。在资产阶级针对劳动力的政策
的这次大转型中,开创了汽车大量生产先河的福特公司明确而有
意识地把汽车构想**为一种为大众——也就是为劳动者——提供
的产品**,构想为一种必不可少的手段,以便让工人——他们可以
住在任何地方,因而大部分时间都远离工厂,如果被第一个工厂
解雇了,没准离下一个工厂更远,以此类推——能够从住房自己
开车到工厂门口,能够精神饱满地出现在那里,几乎就像住在跟
前一样。有一些为富人生产的工厂(蓝旗亚、法拉利①),或者像
阿尔法·罗密欧,它们在生产普遍高于普通工人经济能力的小汽
车方面更专业一点(自南方阿尔法②之后,连这种情况也不再有
了),这并不意味着什么;那种小汽车也同样为其他劳动者、职员、
管理人员等——他们住得同样远离自己工作的企业——效劳。
重要的是,法拉利、蓝旗亚和阿尔法·罗密欧,本身是**在菲亚特及
其同类**(通用汽车、福特、雪铁龙、WM,等等)**的基础上存在的**,也
就是在一个庞大的、植根于全世界的帝国主义企业的基础上存在
的;**而这些企业的汽车柜台几乎专门用来销售那些被大量**(*en
masse*)**生产、供大众**(*de masse*)**消费的小汽车,也就是工人通常能
够购买的那些大众型**③**小汽车。**

---

① Lancia 和 Ferrari,意大利豪华轿车生产商,均为菲亚特集团旗下公
司。——译注

② Alfa-sud,阿尔法·罗密欧于 1972 年在南方设立的新厂,装配旗下首
款专为与德国和日本车竞争的小型车。——译注

③ populaire,本书一般译为"民众(的)""人民(的)",个别处译为 "大众
化""大众型"或"通俗(的)"。——译注

汽车是调动劳动力亦即把劳动力[作为]被剥削的劳动来维持和交付使用的手段的组成部分,完全就像专门用于把商品运送到市场,"使商品变成为商品"(马克思①)的运输手段—— 今天仍被一些人经常无视的这个现实,不能由"技术进步"或"生产率的发展"来说明,而要由资产阶级的阶级斗争在战略上发生一种惊人逆转的历史来说明——**这一点,就连阿尔法·罗密欧最有觉悟/意识的工人也不会知道。**他们不仅无法跳出自己企业的界限(尽管他们非常了解自己企业的结构和机制),他们也不仅无法充分了解在菲亚特那里发生的事情(后者在世界范围内的投资和多种生产的战略超出了他们的视线),他们不仅不会知道在意大利国民生产其他部门中发生的事情,而且,他们显然意识不到在资产阶级的阶级斗争框架内,汽车的大量生产在资本主义针对劳动力的战略转型中,已扮演了至关重要的角色。

这就是在意大利电视台那部不同凡响的电视片里发生和没有发生的事情。在那里,阿尔法·罗密欧的工人讲述他们的劳动、他们受到的剥削、他们的资本主义企业、企业生产过程和投资政策的那些机制,还有企业在工厂中进行阶级斗争的方式——它也激起了工人的阶级斗争的异常猛烈的反击。

发生的事情就是**我们所看到和听到的。**在电视里,我们看到工人在劳动,我们听到他们说出自己知道的事情、自己在斗争中已经意识到了的事情。他们所说的事情令人惊愕:他们最终靠自

---

① 卡尔·马克思、弗里德里希·恩格斯,《剩余价值理论》(*Theorien über den Mehrwert*),《全集》(*Werke*),第 26 卷,第二部分,柏林,狄茨出版社(Dietz),1974 年,第 246 页。——原编者注

己,也就是说,在自己的工会斗争中,获得了这样的意识、这样的知识,表明他们像工厂里最好的管理人员和工程师一样知道底细,至少在某些方面还知道得更多。

但是我们**只看到**自己所看到的,而且这走不远:看到一个人在劳动,这是个极其聪明能干的人,仅此而已。我们也**只听到**他们**所说的事情**、他们最终知道的事情。只缺剩下的事情……剩下的事情,也就是支配着——与工人的阶级斗争相**对抗**的、**就其整体而言的——资产阶级的阶级斗争**具体形式和具体手段的全部体系的整体,它导致了如下简单的**事实**,似乎是不言而喻的,但像一切"不言而喻的"事情一样,又是令人费解的:**那么为什么整个汽车生产都有赖于汽车的大量生产,也就是为大众提供的生产? 因而为什么劳动者有了汽车,也就是有了对汽车的需要?** 你也许认为,他们买车是为了享乐,或者是为了礼拜天带家人去兜风、去看朋友?**为什么为工人生产汽车?** 这个统领一切的简单问题,阿尔法·罗密欧的工人没有提出来。他们不可能提出来。

因为,工人在他们岗位上的劳动,甚或劳动过程,甚或公司的投资政策,甚或公司在工厂中进行阶级斗争的政治手段——并非通过对这些事情加以观察乃至分析,就能让我们最终得出一些理论原则,以便从其核心及各种表现形式上,理解把各阶级划分为各阶级的阶级斗争的主要对抗。要做到这一点,必须求助于马克思主义理论;它是唯一曾经考虑和重视这个难题,并且——以每天被实践检验的形式——实际而具体地解决这个难题的理论。**因此,没有对马克思主义理论最起码的掌握,就不能对具体情况作具体分析。**这种掌握,对于理解事情在什么样的整体体系中发生,是必不可少的。然而,今天这个体系甚至包含了世界资本市

31

场和跨国公司,以及它们根据最低报酬的劳动人手、根据寻求和获得原料的来源、根据其价格的波动、根据某个国家令人担忧或放心的"政治局势"等,来转移投资的"政策"。为了理解**某个工人在某个部门参与的某个劳动过程所占据的位置**,就需要——至少是粗线条地——理解这个体系的机制。

但上述这种掌握,对于能够当面**正确地"听"**一个工人讲述他的生活和劳动,是必不可少的——同样是必不可少的。因为要能够听,这个听的人就应当知道什么问题可以提,什么问题不可以提;他应当知道如何把劳动者所说的事情同劳动者本人——在整体过程对其自身状况所造成的后果方面——所不知道的事情联系起来;他最终并且尤其应当通过这种联系,准备学习他不知道但劳动者知道的事情;尽管劳动者并不知道自己知道这些事情,却还是说了出来——通过歪打正着、拐弯抹角的方式,甚至通过他们的遗漏和沉默。

劳动者知道得比他自以为知道的更多或者更少,这个问题揭示了马克思主义理论深深懂得并已向我们吐露出来的一个现实:**意识形态的后果**。生活、劳动、被剥削、斗争、劳动力再生产的种种条件,不是人们像观察火车站发生的事情那样,可以观察到的赤裸裸的事情。即使按照马克思的说法①,大工业的机器把劳动

---

① 《共产党宣言》,前引,第 168 页,参见路易·阿尔都塞,《亚眠答辩》(《Soutenance d'Amiens》,1975),见《立场》(*Positions*),第 2 版,巴黎,社会出版社,"要点"丛书(《Essentiel》),1982 年,第 181 页。——原编者注

"工人变成了机器的单纯的附属品……",见《马克思恩格斯选集》,第 1 卷,人民出版社,1995 年,第 279 页。另外参见陈越编《哲学与政治:阿尔都塞读本》,吉林人民出版社,2003 年,第 215 页。——译注

者降低到机器本身附属品的状态,人们也不是"机器动物"①。更确切地说,他们是"意识形态动物"②。他们对自己、对他们的劳

---

① 参见路易·阿尔都塞,《在哲学中成为马克思主义者》(*Être marxiste en philosophie*,1976 年),G.M.戈什加林(G.M.Goshgarian)编,巴黎,法国大学出版社(PUF),"批判前景"丛书(«Perspectives critiques»),2015 年,第 89 页。——原编者注

"我们知道,笛卡尔——仿照当时人们制造的自动机的形象——从中得出了一种机器动物理论,并期待从自己机械论的一般化中,得出关于医学和道德(在他看来道德是医学的分支)的决定性结论。"见阿尔都塞,《在哲学中成为马克思主义者》,吴子枫译,北京出版社,2022 年,第 88—89 页。"如果有那么一些机器,其部件的外形跟猴子或某种无理性动物一模一样,我们是根本无法知道它们的本性与这些动物有什么不同的。"见笛卡尔,《谈谈方法》,王太庆译,商务印书馆,2006 年,第 44—45 页。——译注

② 路易·阿尔都塞,《马克思主义理论与共产党》(*Théorie marxiste et Parti communiste*,1966—1967 年,未刊稿),当代出版纪念研究所,阿尔都塞资料库,Alt2.A07—01.10,第 87 页;《论再生产》(*Sur la reproduction*,1969 年),J.比岱(J.Bidet)编,巴黎,法国大学出版社,"今日马克思:交锋"丛书(«Actuel Marx:Confrontations»),2011 年第 2 版,第 120 页,注释⑨,第 295 页;《写给非哲学家的哲学入门》(*Initiation à la philosophie pour les non-philosophers*,1977 年),G.M.戈什加林编,巴黎,法国大学出版社,"批判前景"丛书,2014 年,第 228,384 页;《哲学与马克思主义:与费尔南达·纳瓦罗对话录》(«Philosophie et marxisme. Entretiens avec Fernanda Navarro(1984—1987)»,见《论哲学》(*Sur la philosophie*),巴黎,伽利玛/NRF 出版社,"无限"丛书(«L'Infini»),1994 年,第 70 页。——原编者注

"我还可以对此作进一步的发挥,在一系列著名的定义之后再加上一个补充的、意识形态的定义,我要说:**人天生是一种意识形态动物。**"见阿尔都塞,《论再生产》,吴子枫译,前引,第 188 页,注释④。——译注

动、对世界都抱有我们所谓的"观念"。

而这些观念确乎可以按照人们经验的偶然性,以分散的次序,出现在人们头脑中,最终,它们总是重新聚集在作为观念整体的一些体系中;后者虽然缺乏完全的内在一致,却也具有某种一致性,而我们就称之为**各种意识形态**①。**最终**,它们总是重新聚集在各种意识形态中,因为它们**先前已经**被聚集在各种意识形态中了,因为"经验的偶然性"通常只是各种意识形态为了把自己强加给社会中的个人所采取的形式。各种意识形态不是个人"观念"的总和,而是一些"体系",或刚性,或柔性,通常兼而有之。各种意识形态不是纯粹而简单的"观念"(没有什么东西能以这种形式存在),而由于它们总是与实践有关,由于它们总是激励着某种**实践的**判断与态度的体系,所以必须要在它们的**身体**(*corps*)、[**身体**]的能动性②中——因而也要在那些实体(corps)③中——理解它们。

是的,各种意识形态有一些实体,它们来源于这些实体,完全就

① 注意阿尔都塞对"意识形态"的复数形式(idéologies)在用法上与单数形式有明确区分(可参见《论再生产》特别是《意识形态和意识形态国家机器(研究笔记)》一文),所以我们在译法上也对前者以"各种意识形态"以及"这(那)些意识形态"之类的方式加以强调。——译注

② 手写添加文字难以辨认。阿尔都塞可能是想写"必须要在**身体**的能动性中——因而也要在实体中——理解它们"。——原编者注

activité,或译"活动",本书统一译为"能动性"。——译注

③ 法文 corps 一词兼有"实体"("团体")和"身体"的意思,文中故意使用了这种歧义,并用斜体(中译本用黑体)加以区分。——译注

像它们有赖于一些**身体**。① 这些实体是一些"机构",主要是国家及其不同的意识形态机器(法律体系②,学校体系,政治体系,工会体系,宗教、家庭、医疗、信息、文化体系,等等)。在这些意识形态领域的整体中,在占统治地位的意识形态(统治阶级的意识形态)与各种被统治的意识形态之间,上演着一场残暴的意识形态阶级斗争。

　　所有这一切,看似让我们远远离开劳动者,其实是把我们直接带回到他身边。因为他就是各种复杂的意识形态直至在他的身体里**相互对决的场所**,而那些意识形态的对抗"自然而然地"向他隐藏了起来。国家及其整个一般意识形态体系,还有资本家及其整个内部使用的意识形态体系,总是向劳动者提出一些"观念",让他能够在这些"观念"里承认③自己。这些"观念"关乎作为劳动价格的工资、关乎社会地位的提升、关乎分享利润、关乎任务的自由分摊、关乎经济(生产)与政治的不同、关乎他若想成为好的一家之主就应当深信不疑的道德标准、关乎可以确保他孩子前程的学校——如果不是由教会给孩子行洗礼、讲授教理、告诉他们(就像告诉

35

---

　　① 米歇尔·福柯(M.Foucault)很好地表明了这一点,但用的是不同的理论语言,这是由于他直到现在都避免提出国家的难题,因而也包括意识形态国家机器的难题,也包括意识形态的难题。——阿尔都塞原注

　　② système,或译"系统"。在阿尔都塞《论再生产》中译本(吴子枫译,前引)中,凡意指意识形态国家机器的各种 systèmes 时,都译为"系统",如"法律系统""学校系统"等。但两种译法并无明确区分标准,故本书统一译为"体系"。另参见第 24 页,注释①。——译注

　　③ reconnaître,"承认",或译"认出",参见阿尔都塞《意识形态和意识形态国家机器(研究笔记)》一文对意识形态"唤问"所导致的承认功能的论述。见阿尔都塞,《论再生产》,吴子枫译,前引,第 484—498 页。——译注

他)永生乃是今世苦难的回报。由各种体系构成的这个给人以强烈感受的体系既不是形式的,也不是可形式化的(马克思主义与"系统论"①毫无共同之处,后者如今代表了在帝国主义的意识形态阶级斗争中充当先锋的理论意识形态);它有足够的威慑力,有时也有足够用于补偿的诱惑,让工人忘记自己只是机器的附属品,也就是说,是资本家剥削的对象。但工人同样可以看到他身处的真实状况(condition)②,而且只要他们稍微反抗一下,只要他的反抗稍微受到有组织的斗争的启示,他就会产生**另一些观念**:它们把原先的观念当作一些神秘化作用来揭露,它们向他讲述阶级斗争的现实,讲述联合起来改变其劳动条件(conditions)、改变不断造成那些条件的这个社会的必要性。

我的说法是极其概略的。短短几行文字能怎样呢? 不过这些文字也足以让人感到,**讲述**自己劳动条件和生活条件的劳动者,不是像一个昆虫学家在讲述这些事情,而是像这样一个人在讲述——他**要么**或多或少地服从于占统治地位的意识形态为了回应他明确的担忧而产生的具体形式,**要么**或多或少地从这些形式中被解放出来,并通过这种解放,得以或多或少地意识到同样这些劳动的和被剥削的条件,连同这些条件在他的劳动力再生产中的所有延续。这样一来,人们就能理解这句大概仍然是谜一般的话:同一个劳动者能够**知道得比他自以为知道的更多**,同样——因为这种情况也出现了——也能够知道得比他自以为知

---

① théorie des systèmes 按通行说法译为"系统论",不与其他各处的"体系"统一(参见第 23 页,注释②)。——译注

② 关于"状况"和下文"条件"的译法,参见第 6 页,注释①。——译注

道的更少。而悖论在于,并不总是在他最"有意识"的时候,他自动地就会知道得比他自以为知道的更多。因为那时他可能像是被他所达到的"意识"的初级真理所蒙蔽:这可以在一些战士①那里看到,在他们那里,最基本的意识成了某种绝对知识,使他们看不到整个儿一部分自身的状况,尤其是他们的同志们的状况。这些人把自我意识当成知识,他们的自我意识也阻碍了他们的知识。相反,一些并不以拥有任何特殊"意识"自居的劳动者——哪怕这是因为他们不属于任何工会或任何政治组织——有时候他们实际知道得比他们认为自己知道的多得多。这些人不把自我意识当成知识,他们的意识也不会自动地阻碍他们的知识。一种严谨的具体分析应当关心这些差异和悖论。

这些悖论不单在天性方面②令人好奇,**它们也在政治方面意义重大**。因为,正是基于这[些]悖论,群众对于各阶级的优先性,以及群众和各阶级对于阶级斗争组织——对于工会和党——的优先性,才在马克思主义传统中得到确立。③ 这绝不是要陷入对群众的崇拜,而是要极其关心工人的意识程度,同时知道他们的意识程度(更不用说还有**知识**程度)并不一定与他们自以为已

37

---

① militants,指政党和工会中的活动分子。——译注

② 这里的形容词 naturelles 也可译为"在自然方面(的)"。——译注

③ 路易·阿尔都塞,1967 年 10 月 25 日致罗伯托·费尔南德斯·雷塔玛尔(Roberto Fernández Retamar) 的信,《美洲之家》(*Casa de las Américas*) ,1993 年 1—3 月,第 190 期,第 60 页以下。——原编者注

罗伯托·费尔南德斯·雷塔玛尔(1930—2019),古巴著名诗人、文学批评家和政治活动家,也是古巴重要文化机构"美洲之家"及其同名杂志的负责人。——译注

经达到的程度(因而与他们的自我意识)相一致。通过群众对
于各阶级的优先性、群众和各阶级对于工会和党的优先性,马克
思主义传统还打算说出许多别的事情,但就我们占据的这个要
点而言,它以聪明人自然能听懂的那种忠告的形式,指出了一个
简单的事实:劳动者并没有逃离意识形态斗争,因而并没有逃离
占统治地位的意识形态的统治;而任何形式的工会意识或政治
意识都总是冒着把自己当成完善的真理的危险,除非它承认有
些并没有被组织起来因而按道理也更没有意识的工人,在沉默
中,比起那些代表他们①说话而且说得有点太快的人,能够知道
得多得多。

　　我们现在可以着手研究那个最令人生畏的问题,那个在"怎
么办?"中的"怎么"②里面包含着的问题。但在这个问题之前,
还有另一个问题,同样令人生畏,它就包含在**提问行为**本身
当中。

38　　　因为人们可以合理地问自己:"怎么办?"这个政治问题是**向
谁**提出的、它**究竟会**向谁提出。既然这是个政治问题,我们会很
容易回答说,它是向这样一些人提出的——他们已经知道什么是
政治、什么是政治行动,因而他们有了某种政治意识,能够在一定
情况下,自己给自己提出"怎么办?"的问题。这些人应该已经是
一些或多或少精通组织和斗争的战士,他们应该有足够的意识去

---

　　① 据法文版编者提供的勘误表,原文 en leur non 系误植,当为 en leur
nom(以他们的名义,代表他们)。——译注

　　② 参见第 4 页,注释①。——译注

理解阶级斗争对工人阶级而言已经到了一个临界点上,比如说,工人阶级不能再继续依靠他们旧的组织、旧的路线和旧的实践了。在这些条件下,如同列宁在 1903 年,他们就会自己提出这个问题:"怎么办?"作为(或多或少地)意识到工人阶级斗争组织的历史困境或危机的战士,他们自己就会给自己提出这个问题。而列宁在当时能够做的事情,无非是倾听他们的问题,重新考虑它,给予它最大限度的鲜明、力量和公开性,不过,他也有(对于他们的)优势,能够对他们的问题提供一些具体的回答:必须创立一个新的组织,而且它的形成同时要围绕着一份**报纸**,后者充当了把仍然是分散的现有各革命"团体"统一起来的手段;它应当与工人运动、与农民运动保持某种关系;它应当领导某种统一的-民众的阶级斗争,以反对封建的-资产阶级的阶级斗争及其工具——沙皇制度;而在这场将是长期处于秘密状态的斗争中,党应当以某种方式(非常严格的民主集中制)组织起来,具有一个"职业革命家"的重要核心,等等。

因此,在这个假设里,要有一位**领袖**,他要重新考虑一些已经有意识的战士给他们自己提出的这个问题,并且在被当前的客观要求推向深入的马克思主义理论的基础上,在现有阶级斗争的客观条件和所谓"主观"条件(现有组织的程度和形式,它们具体实现并衡量着群众与战士的"意识")的基础上,对"怎么办?"的问题,给予非常精确的、具体的回答。这些回答相互构成了同时包括理论原则、方针①、组织和行动的一整套体系(为了"长期"②斗

39

---

① 参见第 5 页,注释①。——译注

② longue durée,这个短语在历史学中以"长时段"的译法著称。——译注

争),以及相应的口号(为了**直接的**①行动)。

我强调这一点。我们可以明确辨认出一个对"怎么办?"的问题在理论上和政治上负责任的马克思主义的回答,只要我们注意一个事实,就是这个回答**必须**具有这样的维度:一个——就工人阶级斗争的"长期"性而言的——未来的维度,它是那个公开提出问题的人所要重新考虑的。这个未来的维度,就是我们所说的关于"**战略**"或"**政治路线**"的回答,**同时也是**关于——在斗争中实现这一"路线"所必需的——理论的、组织的、意识形态的和实践的手段的回答。这就像对法国而言,法国人民联盟(l'union du peuple de France)②的路线,要靠左翼联盟(l'union de la gauche)③和应当与之相适应的各种手段充当黏合剂④。

然而,这个马克思主义的回答要想成为负责任的,除了关于"长期"性,也就是关于战略和"路线"的回答之外,还包括**对于直**

① immédiate,在本章"直接的行动""直接的口号"中也可译为"立即的"。——译注

② 法共在 1974 年前后宣传的提法。党的二十二大(1976 年)规定法国人民联盟是"一切金融垄断势力受害者[……]的民众大联合,**反对统治国家并使它窒息的狭隘等级,拥护**在实现民主改革的过程中给这个等级以严厉打击的民主变革"。《乔治·马歇:沿着二十二大的道路前进》一文,前引,第 9 页。参见路易·阿尔都塞,《黑母牛:想象的访谈(二十二大的缺憾)》[*Les Vaches noires*: *interview imaginaire*(*le malaise du XXII Congrès*),1976 年],G.M.戈什加林编,巴黎,法国大学出版社,"批判前景"丛书,2016 年,第 449 页。——原编者注

③ 法共、社会党和左翼激进派运动组成的竞选同盟,它们于 1972 年达成了一个"共同施政纲领"。——原编者注

④ cimentée(译为"[靠……]充当黏合剂")的原意为"被水泥黏合"。——译注

接的行动的回答,说到底,我们也可以称之为"**口号**"。当然,这些可以直接地或可以在不远的未来应用的"口号",并不构成与战略性回答完全不同的一类回答:因为与之相反,我们只能在战略性回答的基础上,也就是根据"长期斗争"——这种斗争应当尽可能考虑到客观局势①诸要素的整体,考虑到在这些要素的对抗中占统治地位的倾向——来设想这些"口号",从而表述它们,从而向党的(或工会的)战士提出它们。

　　例如,像(由乔治·马歇在其报告中引用的)"反对扣押"②这样的口号的确是**一个直接的口号**,但作为口号,它也附属于在人民群众反对帝国主义剥削的斗争中捍卫他们的利益、统一他们的行动这一阶级战略的"长期路线":它在自身水平上,脚踏实地,"一步一步,一砖一石"(乔治·马歇),通过直接捍卫法国工人、移民劳工、卑微的养老金领取者以及其他"穷人"的利益,为帮助他们在实现"民主变革"和进一步实现社会主义的斗争中联合起来的战略目标作好准备。

　　同样,像"呼吁洛林冶金业工人为钢铁工业国有化而斗争"③——在那里,国家由于"浪费"④丢掉了几十亿——这样的口

---

　　① 这里的"局势",即在"对具体情况作具体分析"的提法中译为"情况"的 situation。——译注

　　② 下面两段中引号内的词句,系引用马歇 1978 年 4 月 27 日在法共中央委员会所作报告中提及的党的一些口号,有的引文不够准确。《乔治·马歇:沿着二十二大的道路前进》一文,前引。——原编者注

　　③ 同上,第 10 页。——原编者注

　　④ 阿尔都塞在这个地方做了一个加注记号,却没有提供注释。——原编者注

号,是一个**既**可以直接地**又**可以在不远的未来加以应用的口号。它显然也附属于在整个生产部门中捍卫一大批劳动者利益的"长期路线",以便为——这里仍须"一步一步"——把劳动者在具有一些明确战略目标的斗争中统一起来做好准备,也就是为民众联盟(或法国人民联盟)作好准备。对后者而言,"左翼联盟是黏合剂①"(乔治·马歇)。

42 从形式上看,这个口号完全正确,但我们可以考虑它是否具备应用上的"客观"条件。"主观"条件(劳动者不惜一切代价保住他们工作的愿望,工会和党的愿望)当然是具备的。但客观条件——不仅"战略路线",而且由此产生的任何"口号",都应当考虑这些条件——却不能不说是一个难题。这不仅是因为3月19日获得胜利的②资产阶级**在它本身固有的长期战略中**一定没有让钢铁工业国有化的"意图",而且是因为无论哪个阶级掌握政权,只要这个阶级真想让钢铁工业国有化,它就会遇到来自国际竞争的巨大现实困难。这种竞争能够基于其设备(也就是其技术生产率)的状态、工资的状态,总而言之就是钢铁工业资本家想要在冶金生产的法国市场(因为国外市场已经被日本和其他国家的廉价生产所占据)获得的**利润率**的状态,以比法国生产价格低30%到50%的价格,把冶金产品投放到**法国**市场。

因为如果他们得不到这种利润率——目前在冶金工业比在

————————

① ciment(译为"黏合剂")的原意为"水泥"。——译注

② 1978年3月19日,由于1977年9月22日突如其来的左翼联盟解体,右翼在第二轮国民议会选举中夺取了意外胜利,获得约51%的有效选票。——原编者注

法国其他生产部门要低——他们就会想要放弃钢铁生产,并且,　43
尽管这么做有很大困难,也会想要让他们的固定资本转产(实际
上,这几乎是不可能的:他们不能让矿山转产! 甚至也不能让高
炉转产),另谋生产领域,或者很简单,就像他们常做的那样,让国
家替自己付钱。而每当一家公司或者——更不必说——一个资
本主义生产部门让国家替自己"付钱"时,总是通过国家贷款,也
就是通过税收,会有那么多钱(几百亿新法郎)在从生产性劳动者
的整体那里——因而首先是从工人阶级而不是从资本家阶级那
里——攫取的剩余价值中被提前抽走。

　　这个例子表明,从"长期战略路线"里"提取"某些直接的口
号,有时是比较容易的,甚至是很容易的:例如"反对扣押""捍卫
劳动者的购买力""为扩展民主而斗争"(比例代表制,捍卫并扩
展工会权利,承认企业中的政治权利),在一切可能的形式下,在
一切具体的斗争中,实现与劳苦农民、与城市小资产阶级、与知识
分子的联合,等等。但是相反,当这些口号得以实现的客观条件
本身**直接**取决于"**政治路线**"本身没有认真为之承担责任的一些
条件时,从本身正确的"战略路线"中直接"提取"某些口号,常常
是困难的,甚至是非常困难的。当政治路线没有承担责任——就　44
是说,既没有认识到这些条件的存在,也没有对它们作具体分
析——时,相信一个口号(哪怕是从这个形式上正确的政治路线
中"提取"出来的)将会奇迹般地代替"政治路线"发挥作用,是一
种幻象。因此,说到底,即便一个口号是从形式上正确的路线中
提取出来的,它也可能是错误的。

　　显然这是一种极限境况（situation limite）①，这时工会的或党的领导层远离实际，高高在上，以含糊不清的"理论"的名义，满足于应用这种"理论"，没有从事"**对具体情况作具体分析**"的工作，或者半途而废。这就是法共等许多共产党目前的情形。

　　近些年来，法共就这样居高临下地"决定"具体的现实应当是什么，不作真正认真、深入的具体分析，而是满足于把一种"理论"的真理**应用**到"具体"的、可见的、因而也是表面的简单现象上。这种"理论"要么是人为的，要么是部分任意的，要么是不准确或不充分的——尽管局部是真实的。这种"理论"被采纳的理由，是为了其"政治路线"在理论上的合法化。

45　　我要说的就是所谓国家垄断资本主义（CME）理论②。党相信，把一种像这样构成的理论"应用"到可见的"具体"之上，就可

――――――――

　　① situation（"境况"），或译"局势"，在"对具体情况作具体分析"的提法中译为"情况"。这里将 situation limite 译为"极限境况"，也是为了与后文（第116 页）"极限情况（cas limite）"的提法有所区分。——译注

　　② 国家垄断资本主义（capitalisme monopoliste d'État）理论是法共在 1967 年的十八大上采纳的。从 1969 年开始，阿尔都塞在一系列文本中对其作出批判，其中大部分仍未出版。参见路易·阿尔都塞，《黑母牛：想象的访谈》，前引，第 391 页以下；《二十二大》（*XXIIe Congrès*），巴黎，马斯佩罗出版社，"理论"丛书，1977 年，第 21 页以下；《不能在法国共产党内继续下去的事情》（*Ce qui ne peut plus durer dans le Parti communiste français*），巴黎，马斯佩罗出版社，"理论"丛书，1978 年，第 92 页以下。——原编者注

　　见阿尔都塞，《黑母牛》，"十三、论对阶级斗争的分析"："法国党的全部分析均基于著名的'国家垄断资本主义'理论，该理论是在 1960—1965 年由共产主义经济学委员会与中央委员会联合制定的。法国党采纳了它，并不断地参考它……"——译注

以得到对上述"具体"的名副其实的认识。党的官员或其他共产党人就是这样从国家垄断资本主义理论出发，写出了大量所谓"具体分析"，要么关于"法国社会各阶级"，要么关于"需要"，要么关于大学，要么关于科学（"科学技术革命"），或者关于文化，等等。这些文章里不乏真话，但它们并不是真正的理论研究：人人心知肚明的是，要论证这一点易如反掌。这些文章可以罗列很长的清单，而如果说书籍报刊发行中心（CDLP）①处境维艰，那么这些平庸作品在那里销路惨淡大概也不无理由：它们吸引不了任何严肃的读者，只能待在地下室里。

与其他例子相比，这一公然的失败尤其清楚地表明，把一种理论简单**应用**到具体之上，这条道路是行不通的。我说的不只是一种错误的或在原则上被误解的理论，而且是一种一般意义的理论②，包括一种**真正的**理论。如果你掌握了这种假定是真正马克思主义的理论，如果你决定把它应用到具体之上，并期待这样的"应用"生产出关于具体本身的真理，你可能要永远期待下去了。因为这套**应用**操作就假定了人们对**马克思主义理论本身**得出了一种完全**错误的**观念。

如果你把一种预先存在的理论应用到具体之上，以便认识这个具体，你就不可避免地要假定，理论在其自身中——哪怕只是萌芽状态，但无论如何都是**原则上**——已经包含了你假装从理论的**应用**中期待的**关于具体的真理**。而如果你接受这个立场，如果

---

① 书籍报刊发行中心（Centre de diffusion du livre et de la presse），负责销售、发行与法共有关的各出版社产品的机构。——原编者注

② théorie en général，或译"理论一般"。——译注

你把它普遍化，那就假定了：马克思主义理论在其自身中事先（d'avance）以理论形式占有了能够以"具体"的形式出现在世间的一切东西的真理。我不是在这里作诡辩家式的批评，我说的是事情本来的样子，而且在原则上，整个这套步骤是很简单的（尽管它往往①披着极复杂形式的外衣，但这恰恰是为了掩盖自身的欺骗性）。如果马克思主义理论事先成为关于一切具体的真理，也就是关于一切具体情况的真理，也就是关于历史上可能发生的、新的和无法预料的一切事情的真理（而我们已经为无法预料的、无法想象的东西付出了二十年光阴！），这意味着它不是一种"具有科学性"或"操作性"的理论（不管用什么词），而是一种绝对哲学，它知道一切，**绝对事先就知道一切**——按照亚里士多德的一个很好地表达了自身本意的提法——它是那种"关于最初和最终的原则的科学"②。

47

　　如果我们真的愿意考虑两件事情，上述这种奢望的荒谬性立刻就一目了然了。首先，所谓"具体"，作为人们经历着的、在其中作出反应——反抗或忍受，行动或顺从——的东西，始终在变化，

------

　　① 据法文版编者提供的勘误表，原文 la plus souvent 系误植，当为 le plus souvent（"往往"）。——译注

　　② 大概出自《形而上学》（*Métaphysique*）981.b.28—29。——原编者注
science des principes premiers et derniers，更有可能是阿尔都塞使用的法译本甚或他本人对亚里士多德《形而上学》第 1 卷 982.b.7—10 中 ἐπιστήμην... τῶν πρώτων ἀρχῶν καὶ αἰτιῶν（可译为"关于首要的原理和原因的科学"）提法的翻译。"最初和最终的"这个悖论性的表达可以更准确地说明亚里士多德说的"首要的"意思，也与他接下来说的"因为善，即终极因，也是原因之一"相符合。——译注

而且绝不会再出现第二次。这是一条基本真理,不只是研究变化
的历史学家——即便他们要求助于某些强大的稳定性来解释这
种变化——而且就连普通人也足够了解它。同一个太阳在每天
早上升起,物体总是以同样的方式坠落,血液总是(除非有病理学
障碍)按照同样的回路循环,等等。但在社会生活中,包括在历史
停滞的大型帝国的强大稳定性中,**总是有什么事情永远在变化**。
无论如何,如果我们可以讨论某些生产方式的停滞——这种生产
方式原模原样地再生产自身,几乎没有变化——和由此产生的那
些社会,那么至少,很显然,**在我们所熟悉的社会**——资本主义生
产方式——**中**,一切都永远在变化。

    不仅是某种技术发明改变了某种生产的物质基础(例如,运
输业从蒸汽机到电能和化学能——喷气式飞机和火箭),或创造
了新的基础(石油及其无数衍生品取代了煤炭及其衍生品;电子
元件创造了一种全新的通信形式,并通过计算机提供了在异常复
杂的情况下精细组织生产过程、预测产品流通销售的手段)。而
且首先是这里生产的再生产形式总是"扩大的"(资本主义总是在
自身危机中发现重新获得新的活力的手段——看看 1929 年的危
机吧——包括借助战争,这是解除帝国主义的一些最严重危机的
典型形式),而这些扩大的再生产形式绝不是一些**技术**形式——
这样的话我们就不能理解其扩大的必要性——归根到底,它们是
国内和世界的帝国主义资产阶级用以反对国内工人阶级和刚刚
从政治压迫中解放出来的世界各国人民的一些**阶级斗争的形式**。

    因此,**具体**不仅是变化着的东西(至少在我们的社会中),而
且是**高速地、越来越快地变化着**的东西。我们的时代是速度的时
代,这是出于资产阶级的阶级斗争的必要性:让资本尽可能快地

48

流通,以便榨取尽可能多的剩余价值;把某些部分的资本的流通
时间降到最低限度,以便使剩余价值相应地增多;加快劳动过程
中的节奏,以便榨取尽可能多的剩余价值;在投入到机器的资本
上面实现剩余价值的最大化,因为竞争者总会把价钱更便宜或生
产率更高的新机器投放到市场,所以要在不得不更换旧机器之前
把它们使用彻底,等等。我们时代的速度甚至已经成为一个文学
主题或哀歌的主题,归根到底,它不是缘于汽车(在高速公路上是
被限速的)、飞机或火箭,而是缘于资本的扩大再生产周期的这种
加速,它与通过资本家的阶级斗争实现的剥削的增长是一回
事——它为工人反对加快节奏、反对劳动分工和组织、反对劳动
力迅速消耗的斗争赋予了全部意义,而工人的斗争是被直接卷入
这一自行运转的进程中来的。

因此,如果一切都在变化,如果具体就是变化着的东西,那么
很明显,一种理论想要在其自身中事先掌握关于变化着和将要变
化的东西的一切真理,这个奢望的确是迷乱和荒谬的。此外,如
果具体就是变化着的东西,那么人们仅仅"看到"其变化的这个东
西就不可能成为变化的理由。在同对马克思主义理论的错误观
念①进行的斗争中,这一提醒具有头等的重要性。因为有些马克
思主义者会说:好吧,马克思主义理论不能奢望事先掌握关于其
对象的真理,因为其对象在本质上是"历史的",马克思主义理论
不能事先认识它;马克思主义理论只有通过自身服从于其对象的

---

① fausse idée,经常也译为"虚假观念",本书统一为"错误观念",上文有
"人们对**马克思主义理论本身**得出了一种完全**错误的**观念"(第 31
页)。——译注

历史性,**通过自身作为理论而获得一种历史性**,才能认识它。这种历史性不仅使马克思主义理论不会因为它想要事先成为其对象的绝对真理的奢望而背叛其对象,而且还能通过预防这种危险而真正理解其对象。这样理解的马克思主义理论只能**通过让自身获得**其对象的预防性——历史性,才能预防这种危险。这就是把马克思主义理论解释为**历史主义的**,把马克思主义解释为"绝对历史主义(historicisme absolu)"——与之联系在一起的,便是葛兰西的名字。①

---

　　① "实践哲学是绝对'历史主义',是思想的绝对世俗化和此岸性,是历史的绝对人道主义。"《狱中札记》(*Cahiers de prison*),R.帕里斯(R.Paris)编,第3卷,P.富尔契尼奥尼(P.Fulchignoni)、G.格拉内尔(G.Granel)与N.奈格里(N.Negri)译,巴黎,伽利玛/NRF出版社,"哲学文库"(«Bibliothèque de philosophie»),1978年,第11笔记本,第27节,第235页。"黑格尔式的内在论转变为历史主义,但它只有伴随实践哲学才能成为绝对历史主义,绝对历史主义或绝对人道主义。"《狱中札记》,R.帕里斯编,第4卷,F.布约(F.Bouillot)与G.格拉内尔译,巴黎,伽利玛/NRF出版社,"哲学文库",1990年,第15笔记本,第61节,第176页。——原编者注

　　据法文版编者提供的勘误表,注释引文里"世俗化"原文 mondialisation 系误植,当为 mondanisation。——译注

二

安东尼奥·葛兰西的绝对经验主义

L'empirisme absolu d'Antonio Gramsci

　　这个观念的好处当然是逃离了非常严重的危险,即把对具体　　51
的认识设想为一种哲学"理论"的简单"应用",而那种"理论"事
先掌握了对具体的认识或认识的原则。显然,通过公开援引葛兰
西,通过把葛兰西的思想"加工"为"绝对历史主义",以陶里亚
蒂①为首的意大利共产党能够在很大程度上远离把关于具体的真
理理解为一种绝对理论的应用的观念,而后者恰恰可以界定斯大
林偏向(déviation)②在理论上和最"具体的"政治上的各种形式之

---

　　① 帕尔米罗·陶里亚蒂(Palmiro Togliatti),《论葛兰西》(*Sur Gramsci*),
B.布勒东尼耶尔(B.Bretonnière)译,巴黎,社会出版社,1977 年。帕尔米罗·
陶里亚蒂和葛兰西同为意大利共产党的创始成员,并从 1947 年到 1964 年担
任其总书记。——原编者注

　　参见《陶里亚蒂论葛兰西》,恩内斯托·拉焦尼埃里编,袁华清等译,人民
出版社,1983 年。——译注

　　② déviation,在政治上通常指"倾(向)"(如"'左'、右倾"),与 tendance
(一般意义上的倾向)不同的是,它更强调某种偏差或错误,为了严格起见,同
时为了与 tendance 有所区别,我们将这个词译为"偏向"。阿尔都塞有意用
"斯大林偏向(déviation stalinienne)"(或译"斯大林式的偏向")这个"马克思
主义概念"取代西方流行的"斯大林主义"提法,参见阿尔都塞,《答约翰·刘
易斯》,见《自我批评论文集》,杜章智、沈起予译,前引,第 110—111 页(译文
有修改):"'斯大林主义'这个称呼,向来为苏联领导人所回避,但在蔓延到
共产党人圈子里来之前,它就在资产阶级意识形态家和托洛茨基分子那里广
为传播。它大体上与'个人崇拜'这个说法有同样的'麻烦'。它指一种**现实**,

一。葛兰西在从战前开始的狱中岁月里,几乎是独自一人,就知道如何与自己党内领导层的各种倾向(tendances)进行斗争,为的是提出一种能够与关于真理及其"应用"的教条主义相决裂的马克思主义理论观念。如果没有这种正式的对葛兰西的求助,如果没有这种机会来掌握一位本国政治领袖的思想,战后意大利共产党的历史,及其——在一个仍由斯大林意识形态和实践长期统治的世界里——深刻的独创性,都是无法理解的。可以说,在葛兰西那里,**历史主义**是一个反教条主义的不确定形式①。

我说"一个不确定形式",是因为教条主义有好几个可能的对立面,而历史主义只是其中之一;而且它还是不确定的,也就是说,只是由于其所拒绝的东西才坚实,但也由于其所肯定的东西而脆弱。这是为了让人看到这种对马克思主义理论的历史主义解释——除了在意识形态上和政治上的功劳之外——在理论上

无数共产党人最先对这种现实获得了或者是直接和悲剧性的、或者是间接和多少有些沉重的经验。然而,这个称呼在资产阶级意识形态家那里、在许多托洛茨基分子那里也显示了一些理论上的奢望。但它什么也没有解释。为了走上马克思主义解释的道路,为了能够提出解释这些事实的难题,最起码的是要提出一些**马克思主义概念**,并看看它们是否合适。正因如此,我建议用'**偏向**'的概念,它在马克思列宁主义理论中肯定'**可以找到**'。这样我们第一步可以用'**斯大林[式的]**'偏向这个词:说第一步,是因为用偏向这个词,就必然要求第二步对它加以限定,说出它包含**什么内容**,而且始终要用马克思主义的说法。作出这些提示之后,有一件事应当明确:谈论'斯大林[式的]'偏向并不是用一个可以充当其'原因'的个人来解释它。这个形容词当然指历史上的一个人,但首先是指国际工人运动的某个**时期**。"——译注

① forme indéterminée,作者使用了数学上"不定式"的说法。——译注

(因而或许同样在意识形态上和政治上)的脆弱之点。因为当人们说**具体永远在变化**，当他们**把变化和历史等同起来**，说**具体是历史的**、彻头彻尾是历史的，这时，他们就陷入了一个关于**历史**的非常贫乏的观念——**把历史视为简单的变化**。历史不可能就是而且只是变化：在历史中有一些相对稳定的结构，这些结构在对它们有所影响的变化底下，会持续很长时期，而且我们甚至可以更进一步认为，这些变化不仅是这些稳定结构**的**变化，而且就是**由**这些稳定结构生产①出来的——不是作为这些结构的非理性表达，[而是]完全作为生产和再生产其稳定性的手段。

　　因此，马克思向我们表明，资本主义生产方式，这种不间断地、越来越快地"变革(révolutionne)"②其生产力的生产方式本身，这种生产着惊人的并且越来越加快的速度的生产方式，只有在**一个相对稳定的结构，即资本主义生产关系**③的基础上，才是可

53

──────────────

　　① 动词 produire 可译为"生产"或"产生"。本书大多数场合按照意义的需要和汉语的习惯译为"产生"(如"产生……后果")，而此处和下文论及资本主义生产关系结构的自我生产和再生产，则统一译为"生产"。——译注

　　②《资本论》，第 2 卷，E.科尼奥(E.Cogniot)，C.科恩　索拉尔(C.Cohen-Solal) 和 G.巴迪亚(G.Badia)译，巴黎，社会出版社，1976 年，第 162 页。马克思使用的是"umwälzen"("révoluntionner[引起革命、变革]")一词，科恩－索拉尔和巴迪亚在他们的译文中则用了"bouleversement(震动、动荡)"这个说法。——原编者注

　　③ 关于单数"关系(rapport)"的用法，参见路易·阿尔都塞，《帝国主义论稿》(《 Livre sur l'impérialisme》)，见《历史论集》(*Écrits sur l'histoire*)，G.M.戈什加林编，巴黎，法国大学出版社，"批判前景"丛书，2018 年，第 143 页，第 150 页以下。——原编者注

理解的。悖论在于：这个稳定结构是对抗性的，它是对抗的结构，这种对抗把各阶级划分为各阶级，并且让我们能够理解：出现在各种资本主义社会形态的历史中的一切变化，不是细节上的变化——说到底，这也可以纳入偶然性——而是本质上的变化，完全是使资本主义阶级剥削关系的这种稳定结构永远存在下去的手段；这个稳定结构将社会的整体划分为冲突着的两个主要阶级，其中一个掌握生产资料，而另一个出卖劳动力。在我们得益于马克思的这些见解里，特别值得注意的一点就是：**这个对抗性结构只有在生产其自身各对抗项的变化的条件下，才能持续稳定，持续同样的结构；各对抗项的变化是使结构的稳定性永远存在下去的手段。**

54

与其对下层建筑（经济基础）"归根到底起决定作用"（参见第 95 页，注释①）的坚持有关，阿尔都塞从马克思《资本论》文本里提取一个单数的"生产关系（le rapport de production）"的表达方式，区别于《德意志意识形态》《哲学的贫困》《政治经济学批判》以及《资本论》大多数章节中使用的复数概念——（诸）生产关系（les rapports de production）。复数的诸生产关系是被单数的生产关系所定义的，后者指的是"以直接劳动者为一方、以生产力和产品为另一方的两者间存在的关系"（《历史论集》，前引，143—144 页）。复数的诸生产关系有助于表明单数的"某一生产方式的生产关系（rapport de production d'un mode de production）的后果的多样性"（同上，第 151 页），这些后果存在于流通的、分配的、交换的、政治的、意识形态的、法律的等关系当中。但不能把这些关系与（单数的）生产关系混为一谈。因为，"'诸生产关系'这个提法不仅在其复数形式下掩盖了一些非常严重的误解（关于生产关系是一些所有权关系、法律关系的那种观念），而且成为——怎么说才能不惹人生气呢——世间马克思主义智慧的一切漫不经心的共谋关系"（同上，第 153 页）。——译注

　　因此,有一部资本主义生产方式的历史①:这部历史首先是剥削与阶级斗争的一些手段与形式的历史,同时也是在基本的对抗关系中各对立阶级转变的(变化的)历史。因此,资产阶级在变化,从"竞争的"变为垄断的和帝国主义的,在从属于它的阶级分支中接连引起整个一系列的变化。因此,工人阶级在变化,被那些不断榨取越来越多的剩余价值的手段所转变。因此,在两个对抗性阶级之间的中间地带(城乡小资产阶级的地带),边界在移动:大批的中间阶级降为雇佣劳动者或工人阶级。因此,资产阶级的阶级斗争,由于工人的阶级斗争的抵抗,改变了战略、手段和形式。

　　当我们抵达这个观点时——这是马克思的观点(还有谁曾为我们提出过一个能对这一现象的整体加以有效说明的、更好的观点呢?)——我们就不再是历史主义的。我们不是用简单的变化来定义历史,当然也不是用关于历史的观点的变化来定义它,更不是用作为整体的关于历史的观点的总和来定义它(因为按照历史主义的逻辑,有谁能够让我们把这些观点加在一起并谈论它们的总和呢?)。我们是在用变化来定义历史,但这里的变化是作为条件和手段;它们是被一个稳定结构生产出来的,是这个稳定结构再生产的条件和手段。所以变化看来只是相对稳定的结构(生产方式的结构)借以进行再生产的形式本身。

　　在这些条件下,为了"具体地"理解"具体的"变化,就必须**首先**能够理解和定义这种稳定结构,因为只有这种结构的稳定性的

55

---

　　① 参见路易·阿尔都塞,《帝国主义论稿》,见《历史论集》,前引,第244页以下。——原编者注

条件，才能够让我们把变化理解为让这个结构——在变化本身之下、之中、之作用里①——永远存在下去的东西。

这些事情并非复杂到难以把握。如果剩余价值的攫取（这是剥削的核心）发生在对抗性阶级斗争的关系中，那么每个人都能理解：为了维持这种剥削，因而为了让资本主义生产关系的稳定性在阶级斗争的对决中永远存在下去，就必须应付这种对决的后果，阶级斗争的形式就必须改变，因而各对立阶级也必须改变②。这就是为什么会有一部资产阶级生产方式的历史，尽管这种生产方式的对抗性结构在剥削与阶级斗争的转变着的形式下保持相对稳定，保持同样的结构；而剥削与阶级斗争的转变着的形式之所以不断地变化，正是为了让生产方式的稳定性永远存在下去。

我们知道，马克思③有时为了更有力地表达这种稳定性，会谈论生产方式的"永恒性（l'éternité）"。但我们知道，同样是这样谈论资本主义生产方式"永恒性"的这个人，不断地向我们说明由阶级斗争所要求或生产出来的那些历史变化——关系到工作日的历史或劳动力（妇女和儿童等）转变的历史的那些变化。这样做的时候，他跟我们谈论了"具体"：他对于劳动条件、劳动时间、劳

----

① 原文为 sous, et dans, et par, le changement même，其中三个介词都有表方法、方式的意思，在这里并列使用是为了表示强调。——译注

② 据法文版编者提供的勘误表，"改变"原文 chenge 系误植，当为 changent。——译注

③ 参见路易·阿尔都塞，《精神分析论集：弗洛伊德与拉康》（*Écrits sur la psychanalyse. Freud et Lacan*），O. 科尔佩和 F. 马特龙（F. Matheron）编，巴黎，斯多克出版社/当代出版纪念研究所（Stock/IMEC），1993 年，第 93 页以下。——原编者注

动时间的理由、为限制劳动时间而进行的斗争,以及为什么资产阶级自己终于**改变了战略**,通过了十小时工作日法案,并且为了更好地剥削劳动者,转而依靠"相对剩余价值",也就是生产的机械化,后者通过以更低的价格把更大量的产品投放到市场,使工资相应地,甚至更大量地降低,等等,作了初步的"具体分析"。然而,只有在把"具体的"变化同相对稳定的结构——它把这些变化作为其稳定性得以永远存在下去的条件生产出来——相联系的条件下,马克思才能对"具体的"变化作出这种初步的"具体分析"。

57

我只提及这个论据,而不想进入关于历史主义的严格哲学讨论,这种讨论会使马克思主义陷于一些荒谬的难题。比如说,既然一切都是历史的,就要知道"**一切都是历史的**"①**这个命题**是否也是历史的,那么"历史的(historique)"这个词究竟意味着什么;如果它的意思只是历史的,那么我们就是在转圈圈。② 简单说来,这意味着:历史主义把整个实在(le réel)简化为历史的东西(l'historique),只存在历史的东西,这不仅把一切认识,而且把一切意指、一切词语,都简化为历史的东西,那么就没有任何词语能够向我们解释,甚至**说出**这种历史的东西,因为一切词语和一切意义都事先成为历史的了。你了解普通的自行车:它们有两个轮子,我们踩动脚蹬就会前进。在康复训练室里也有一些自行车,

---

① 关于**实践**哲学的历史性,参见《狱中札记》,第3卷,前引,第11笔记本,第62节,第283—285页。——原编者注

② 参见路易·阿尔都塞,《致格雷茨基》(«À Gretzky»),见《历史论集》,前引,第93页以下。——原编者注

但它们没有轮子。我们踩动脚蹬却没有前进。**历史主义是一辆没有轮子的自行车**。你可以骑上去,踩动脚蹬,但你却停在原地。这就是当人们宣称一切都在变化、而历史就是变化、进而一切都是历史的时候,所发生的事情。

不要以为这种对马克思主义的哲学解释是没有后果的。一切哲学,如果想要启迪一个政党的理论、实践和意识形态,尤其想要通过政党和它的行动在人民群众中传播,它就不再是个人的哲学了,从那一刻起,它就会引起后果:一些理论的、实践的、意识形态的、最终还有政治的后果。我说这话的时候,从未想要暗示哲学——即便是通过共产党的作用——可以成为历史的原动力①。永远是广大的群众"创造历史"②,但他们的经验是由党来汇集、分析和综合的,党把从群众那里接纳的东西,以政治路线、口号、行动和组织方式的形式归还给群众。而正是**在**对经验加以分析和综合的**这个环节**,非常确切地,**在**领导层对由全党集体汇总的这些经验加以**分析的环节**,哲学干预进来,也就是说,在这种情况下,对马克思主义的解释干预进来,被给出和接纳。正是通过这种非常确切的方式,历史主义会产生一些理论的和实践的后果。

既然对历史主义而言一切都是历史的,那么它便倾向于把事

---

① 参见第 7 页,注释①。——译注

② 路易·阿尔都塞,《理论/实践结合(两篇初稿)》(«Union théorie/pratique [deux premières rédactions]»,1966—1967,未刊稿),当代出版纪念研究所,阿尔都塞资料库,Alt2.A7—02.05,第 16 页;《答约翰·刘易斯》,前引,第 24 页;1967 年 10 月 25 日致罗伯托·费尔南德斯·雷塔玛尔的信,前引,第 5 页。——原编者注

物之间现实存在的、在马克思主义传统中公认的一切差异都予以
简化,以便最终重新面对那个唯一的"历史"。我们非常明确地在
葛兰西那里看到这一点:他倾向于把马克思主义理论("历史唯物
主义")简化为哲学,把哲学简化为政治,再把政治简化为历史。①
通过这一连串简化——逐渐抹除了一些公认的、重要的差异——
马克思主义并非真的简化为历史(真实的历史),而是简化为一种
历史哲学、关于那种历史的东西的哲学;这种哲学作为关于一切
差异的唯一真理,就是"绝对历史主义"。当然,一些非常重要的、
而且是症状性的后果便由此产生。

　　例如,历史唯物主义在葛兰西那里逐渐被"抹除"——被抹
除,也就是被简化为马克思主义哲学,所谓"实践哲学
(philosophie de la praxis)"②。这当然不是说葛兰西丢开了整个
历史唯物主义。但例如,颇有教益的一点是,对于一门"下层建
筑"③理论能够成为什么样子,他显然没有一个很明确的观念;
除了些许暗示之外,"下层建筑"在他的著作中其实是不在场

---

　　① 按照葛兰西的说法,克罗齐提出的"历史与哲学的同一","如果它也
达不到历史与政治的同一[……]因而也达不到政治与哲学的同 ,那就是未
完成的"。《狱中札记》,第 3 卷,前引,第 10 笔记本,第 2 部分,第 2 节,第 47
页。——原编者注

　　② 阿尔都塞依照葛兰西的做法,在"实践哲学"这个说法里使用德文的
"实践"一词。——译注

　　③ infrastructure 和 supersturcture,通译为"基础"和"上层建筑",为了与
base(也译为"基础",常与 infrastructure 替换使用)相区分,并突出这个对于
"隐喻的""描述性的特征",我们把 infrastructure 一词译为"下层建筑"。参见
阿尔都塞,《论再生产》,吴子枫译,前引,第 132 页,注释①。——译注

的。如果下层建筑消失了，那么就只剩下"上层建筑"，而葛兰
西成为第一个真正对上层建筑现象、对国家和各种意识形态感
兴趣的理论家，也就不是偶然的事了。但是如果舞台上只剩下
上层建筑，而下层建筑被丢在后台，那么，各种有机联系——这
些联系可以解释上层建筑在与下层建筑关系中的存在和功能，
可以解释上层建筑在下层建筑的再生产中、因而在生产关系的
再生产中发挥的决定性作用①——就没有在其全部现实性中真
正得到考虑与思考。

于是上层建筑在葛兰西那里有一种幽灵般的存在：就是这
样②，**有**国家，**有**法，**有**各种意识形态。我们不知道，或几乎不知
道，为什么**有**上层建筑。我们能够对这个上层建筑做的全部事
情，就是描述它，只在其表现形式的层面内分析它的运行③，仿佛
它并未被那些把它同下层建筑联结的隐秘联系所支配。

另外，这也就是当葛兰西④谈论这个问题时，他显然不喜欢
下层建筑和上层建筑这种区分的原因。他对此直言不讳。他
将其视为一种机械论的和"形而上学的"区分，也就是把一些
并非分开的现实人为地分开。他还通过对布哈林机械论《教

---

① 参见阿尔都塞，《论再生产》，吴子枫译，前引，有关章节。——译注

② c'est comme ça，以及下文的 Les choses sont comme ça（"事情就是这
样"），是阿尔都塞用来表现葛兰西绝对经验论的说法，在本书中数次出
现。——译注

③ fonctionnement，或译"功能的发挥"。——译注

④ 参见《狱中札记》，R.帕里斯编，第 2 卷，M.埃马尔（M.Aymard）、P.富
尔契尼奥尼译，巴黎，伽利玛/NRF 出版社，"哲学文库"，1983 年，第 7 笔记
本，第 24 节，第 188 页以下。——原编者注

材》①的批判②，因利乘便地批判这种区分是机械论的——没有什么比这更容易了。但这样做的时候，通过把对《教材》的各种明显曲解当作借口，他做了自己实际想做的事：他可以把婴儿和洗澡水一起倒掉，他可以通过摆脱布哈林的机械论解释，摆脱不令他满意的下层建筑和上层建筑之间的区分。一旦摆脱这个区分，葛兰西就可以沉浸在上层建筑的愉悦里了。孤零零的一个上层建筑。

于是，这个上层建筑在葛兰西那里有一种幽灵般的存在，就没什么可惊讶的。突出上层建筑的重要性，并且（尽管是怯生生地）提出上层建筑会渗透到下层建筑，这绝对是首要的。但这种"渗透"的统一性尽管被描述，却没有真正被思考。况且，这种渗透本身也是**从上层建筑的观点出发**被思考，我们并非真的知道这个上层建筑渗透**到了什么别的层面**。在这个时代，斯大林政治以"生产力发展"的名义得到推行，而生产力被理解为生产工具与手段，同时，人被宣称为"最宝贵的资本（！）"③（经济主义＝人道主

---

① 尼古拉·布哈林（N.Bukharine），《历史唯物主义理论：马克思主义社会学通俗教材》（*La Théorie du matérialisme historique：manuel populaire de sociologie marxiste*）（1921 年俄文第 1 版），译自第 4 版，巴黎，国际社会出版社（Éditions sociales internationales），"马克思主义文库"（«Bibliothèque marxiste»），1927 年；影印本，桑德雷出版社（Éditions du Sandre），2008 年。——原编者注

② 《狱中札记》，第 3 卷，前引，第 13—34 节，第 195—247 页。——原编者注

③ 约瑟夫·斯大林，《人，最宝贵的资本（1935），附：论布尔什维克的培养》（*L'Homme，le capital le plus précieux〔1935〕，suivi de Pour une formation bolchevik*），巴黎，社会出版社，1952 年，第 35 页。——原编者注

见斯大林《在克里姆林宫举行的红军学院学员毕业典礼上的讲话》，原文为："人才，干部是世界上所有宝贵的资本中最宝贵最有决定意义的资本。"

义①),也就是下层建筑的一个要素,所以,强调上层建筑,强调国家的尤其是政治——一种与斯大林政治相反的政治——的作用,才是首要的。这样就可以为批判经济主义提供基础——葛兰西在这一点上没有搞错,他认为经济主义与斯大林在理论上和政治上的偏向是一回事。这样也就可以为工人运动开辟新的道路。但是……

但是,这个上层建筑——葛兰西在历史上和政治上的功劳,就是把它如此明显地作为头号问题提了出来,以反对斯大林经济主义——在葛兰西的理论世界中,应该说有一种独特的存在。事实上,从下层建筑被忽视的那一刻起,就只剩下孤零零独处的一个上层建筑了。由于不再有任何真正被思考过的东西能够把它和一个逐渐消失的下层建筑联系起来,葛兰西便不得不**就其本身**思考上层建筑。而就其本身思考一件事情,就是**描述它**,也就是靠着或多或少的幸运,但却是盲目地,在被描述的要素之间寻求一些对比。看,这里**有**国家,**有**法,**有**各种意识形态。它们为什么在这里?是个谜。它们由什么②构成?由这样那样的要素。在这些现实之间我们可以观察并描述哪些关系?这种关系,那种关

《斯大林选集》,下卷,人民出版社,1979 年版,第 373 页。译文据阿尔都塞引用的法文改动。——译注

① 关于对"经济主义/人道主义这个对子"的批判,参见阿尔都塞,《关于"对个人崇拜的批判"的说明》,见《自我批评论文集》,杜章智、沈起予译,前引。——译注

② 据法文版编者提供的勘误表,原文的 de qui 系误植,当为 de quoi(由什么)。——译注

系。为什么是这些关系？是个谜。**事情就是这样**，没什么可说
的。重要的是描述它们，并从对它们的描述、从统计、从对它们的
要素加以统计和对比出发，力图理解它们。因而历史主义就是一
种经验主义。这一点在葛兰西那里表现得很明显。

例如，这一点表现在葛兰西虽然如此强调上层建筑，却没有
开始提出一门关于各种意识形态的理论。他满足于说：意识形态
是一种社会"黏合剂（ciment）"①，这个说法走不远。他②也满足
于重复马克思《序言》③（1859 年）中的名句，也就是"人们借以意
识到这个冲突并力求把它克服的意识形态"④这个让人争论不休
的句子。显然，就意识形态的情况而言，经验主义提供不了什么。
就是这样。

但这一点也以相反的方式表现在有关知识分子的情况中。
在这里，葛兰西能够在一些观察到的要素之间作出饶有意义的对

63

---

① 参见第 30 页，注释①。——译注

② 《狱中札记》，第 3 卷，前引，第 11 笔记本，第 64 节，第 287—288 页。
还可参见第 13 笔记本，第 18 节，第 388—389 页。——原编者注

③ 《〈政治经济学批判〉序言》（Avant-propos de « Critique de l'économie
politique»)，M.吕贝尔和 L.埃弗拉尔译，见卡尔·马克思，《著作集》，吕贝尔
编，第 1 卷：《经济学》，一，前引，第 273 页。——原编者注

④ 原文为："c'est dans l'idéologie que les hommes prennent conscience de
leur lutte et la mènent jusqu'au bout." 参见《〈政治经济学批判〉序言》："……在
考察这些变革时，必须时刻把下面两者区别开来：一种是生产的经济条件方
面所发生的物质的、可以用自然科学的精确性指明的变革，一种是人们借以
意识到这个冲突并力求把它克服的那些法律的、政治的、宗教的、艺术的或哲
学的，简言之，意识形态的形式。"见《马克思恩格斯选集》，第 2 卷，人民出版
社，1995 年，第 33 页。——译注

比。他不再满足于重复马克思说过的话；他思考马克思说的话，并说出了一些新东西：知识分子在正常情况下是"有机的(or-ganiques)"①，也就是说，是一定社会的知识分子；知识分子并不像人们惯常认为的那样，其职能是为思考而思考，而是从事组织，并充当他们在群众中传播的某种文化的自我意识；知识分子的类型随着社会形式的变化而变化，等等。这些概念(notions) 非常丰富，但同时，在葛兰西驳杂的思想领域内部，它们总体上可以说是孤立的；在这里，似乎是出于幸运的偶然性，与在各种意识形态那里不同，经验主义产生了一个幸运的结果。

64

这些概念在一个思想内部是孤立的吗? 不完全是，因为葛兰西针对"知识分子"所形成的观念，取决于他头脑里根深蒂固的另一个关于**正常的历史统一体类型**的观念。在他看来，一切名副其实的历史"时代(époque)"都应当表现为这种类型。一切情况都表明，对葛兰西来说，似乎只有当历史达到一种"美好的总体(belle totalité)"状态的时候，历史才**真正**得以实现。与其说这是当一种生产方式达到其顶点的时候，不如说是当一个真正的"历史联合体"得以构成的时候；而这个"历史联合体"能够将全人类联合在某种实践的、某种伦理的——简言之，某种文化的——统一体中。

这就是"有机知识分子"的角色对葛兰西来说如此重要的原因，并且，这也是他能够"发现"他们的存在的原因。因为只有当

_____

① 关于"历史联合体(bloc historique)"中的"有机知识分子(intellectuels organiques)"，参见《狱中札记》，第 3 卷，前引，第 12 笔记本，第 1 节，第 309—355 页。——原编者注

文化不再是"学者（doctes）"的所有物，而是渗透到绝大多数"小
人物（humbles）"即人民当中的时候，某种文化的这个统一体才能
获得实现。而只有当那些占统治地位的价值即"大人物（grands）"
的文化价值能够让自己被"小人物"接纳、接受和承认的时候，这
种扩展才是可能的；而这种情况并不总是会发生。当其没有发生
的时候，我们就没有触摸到一个**名副其实的**"历史时期（période
historique）"、一个**真正的**"历史联合体"——它能够通过说服，通
过它的固有观念的大众化①传播，确保它的领导权，令人信服地进
行统治。当其发生的时候，我们才触摸到一个真正的"历史时
期"，**一个正常的、应当如此的**"历史联合体"，而掌握政权的阶级
那时就能够通过说服人民，通过获得人民的赞同、人民的自由的
同意，通过让人民自由地接受它的固有观念，接受对他们的剥
削——因而还有压迫——来进行统治。

　　"有机知识分子"就在这里干预进来。因为领导权——为被
统治者自由地接受的统治——的这种创建，占统治地位的观念
在人民整体中的这种传播，都少不了葛兰西所谓**国家的教育作
用**。要让人民自由地接受这些观念和价值，就需要把它们以适
合人民智力的形式教给人民：因此统治阶级和人民都需要一些
教育者，一些严格意义上的学校老师，以便教给人民那些能够把
统治阶级统治下的"历史联合体"凝聚为统一体的观念，以便让
这些观念渗透到人民中间，包括对人民施加某种暴力（一切教
育行为都假定了某种暴力），使人民得到这些观念的塑造和陶
冶。这就是"有机知识分子"的任务，其前提条件当然是，不能

———————

　　①　参见第17页，注释③。——译注

认为充当"历史联合体"黏合剂①的那些"价值"可以简化为一些观念。这是各种实践——从各种生产实践，一直到政治、道德和宗教的实践——的整体；这是一种名副其实的**具体的普遍伦理**。

我们都知道葛兰西从什么例子得出了他关于有机知识分子的反思，悖论在于，**这个例子是教会**②。他仔细分析了教会如何招募其"知识分子"（尤其是在贫苦农民当中招募，而在那里，成为教士就意味着社会地位的提升）；它如何始终小心翼翼，不惜一切代价避免在"学者"和"小人物"之间发生脱节；如何创造各种修会，以防止这种脱节；等等。这个例子令人惊讶，因为其实教会并不是一个"历史联合体"，而是一个——或多或少总是成为国家机器的——意识形态机器。

但葛兰西对法国与意大利历史的比较性反思使他对教会的反思得到了延伸。③ 他拿法国和意大利相对照：前者通过革命，成功地创制了一个"历史联合体"，具备了一个**名副其实的起教育作用的国家**，也形成了一支全面发展的有机知识分子队伍来承担各种领导权的任务；而后者未能完成其资产阶级革命以便创立一个**名副其实的**"历史联合体"，因此也不可能具备一支**真正的**有机知识分子队伍。我们都知道葛兰西如何抱怨意大利知识分子——

---

① cimentent（译为"充当黏合剂"）的原意为"用水泥黏合"。——译注

② "罗马教会在阻止'正式'形成两种宗教——'知识分子'的宗教和'头脑简单的人'的宗教——的斗争中始终是最执着的。"《狱中札记》，第3卷，前引，第11笔记本，第12节，第180页。——原编者注

③ 同上，第12笔记本，第1节，第319页以下。——原编者注

从文艺复兴开始，他们就远离本民族，打算待价而沽，效力于异国，以便在那里的政治或其他领域大展宏图。当一个国家还没有在人民中实现一个名副其实的普遍伦理的统一体，它也就不需要自己的知识分子。何况这些知识分子也不再属于它，他们通过成为"世界主义知识分子"，从中得出了这样的结论：他们要去为外国的主人效力。

67

　　即便同样概略地反思所有这些主题（它们更经常是一些主题而非概念）在葛兰西那里的统一性，我们也能发觉一些令人惊讶的事情。

　　我们首先发现，葛兰西不仅忽视下层建筑，只谈上层建筑，而且他还倾向于用"**历史联合体**"概念替换**生产方式**这个马克思主义概念。这种做法显然符合他的历史主义的逻辑。如果生产方式的确是由一种相对**稳定的**社会物质关系（relation）即生产关系（rapport）来定义的，而两个主要阶级的对抗就是在这种关系中表现出来的，那么"历史联合体"则使人想到完全不同的事情：无非是一个伦理的历史统一体这一**事件**，就它可能发生（法国）也可能不发生（意大利）而言，它的确彻头彻尾是历史的。对"生产方式"这个马克思主义概念所做的有利于"历史联合体"概念的简化，就这样**实现了**那种深刻的历史主义倾向：一切都是历史的，一切都在变化，理想的统一体可能实现也可能无法实现——我们看到，这是一个历史的问题；而如果我们寻找原因，我们就会被抛入历史的无限之中，抓不到任何固定点。

　　但我们随后发现，如果说葛兰西是从教会出发抵达法国与意大利，如果说他是在教会及其历史中发现了他的"有机知识分子"概念，那么这并不是一件偶然的事：因为如果教会不属于包括各

68

种意识形态和——可以成为国家机器的（教会曾经完全是国家机器）——各种意识形态机器的领域，因而**不属于上层建筑**，那么它又能属于什么"领域"呢？因此，如果葛兰西不是从天主教（普遍①）教会那里取得了他那完美而普遍的伦理统一体的模型，他又能从哪里取得一个模型呢？——天主教教会深知，绝不能脱离"小人物"，要以最大程度的细心，雇用最好的有机知识分子，将教会的真理渗透给他们，传布给他们，教给他们，在对上帝的爱和对教会的服从中教育他们……这一切都发生在意识形态中，并因此也发生在实践生活的所有行为与选择中（一旦我们知道了意识形态并不是"一些观念"），这一点再清楚不过了。

然而令人大为惊讶的，就是为什么葛兰西对教会的政治描述得如此出色，却丝毫不曾概括出一种**关于教会的理论**（更不用说关于宗教这个马克思主义思想的阴影区了②）：因为他不曾有过关于各种意识形态的理论——不是他对各种意识形态不感兴趣，而是由于他的历史主义通过剥夺他借以提出问题的手段，阻止他提出这个问题（一旦他忽视了下层建筑）。令人大为惊讶的，就是为什么葛兰西想要到教会中寻找的不是一个例子，而是——他本应投射到作为"历史联合体"的国家上面的——那个

---

① catholique（"天主教的"）一词原意即"普遍的""普世的"（universel）。——译注

② 参见路易·阿尔都塞，《马克思有宗教理论吗？》（«¿ Existe en Marx una teoría de la religión?»），见《新文集（马克思主义理论面前的国际共产主义运动的危机）》[*Nuevos escritos(La crisis del movimiento communista internacional frente a la teoría marxista)*]，A.罗伊斯·基（A.Roies Qui）译，巴塞罗那，Laia 出版社，1978 年，第 166—167 页。——原编者注

"美好的伦理总体"的**实现了的本质**本身：因为在一个意识形态
国家机器的统一体和伦理国家的统一体之间，他发现了深刻的
同一性；而**正是由教会的"有机知识分子"所确保的教会的意识
形态的统一体，给他提供了通向伦理国家的统一体的理论钥匙**。
结果是，国家本身从意识形态出发被思考：这个新的"历史主义
的"简化。

因为，最终在葛兰西那里能给人留下深刻印象的，正是这个
被当作**伦理总体**来思考的、作为理想的"历史联合体"的国家观
念。这个作为理想的"历史联合体"的国家，是由它——通过它的
"有机知识分子"——对"人民"行使的领导权统一起来的；在那
里，国家及其知识分子的教育行动确保了普遍的同意，同时也不
免对人们施加某种暴力，以便向他们灌输种种观念和实践；这些
观念和实践将会引起他们深刻的伦理转变，使他们成为这个伦理
国家的"公民"。

在这个理想的形象中（显然，我指的是在这个水平的抽象
中），我们若要寻找各阶级及其阶级斗争的剩余物，将会一无所
获。不仅下层建筑被忽视，不仅实际上一切都被简化为上层建
筑，而且在上层建筑中，国家也被简化为意识形态，或者更准确地
说，因为葛兰西在涉及国家的时候并不喜欢用意识形态这个词，
所以，国家一方面被简化为这个**伦理统一体**，另一方面，它被简化
为一个事实，即这个伦理统一体的实现既有强加也有同意，也就
是说，它被简化为葛兰西所谓**领导权**。

我们不禁得出这样的结论：这种在哲学上**不可思议**的"绝对"
历史主义，通过在别处——关于教会、国家等——**产生出**一种

能够支持自己的哲学思想、一种**规范的**(*normative*)①因而也是唯心主义的思想,在这里亲自承认了自己在哲学上的无能。正如对葛兰西而言有教会的"模型"那样,对他而言也有法国的"模型",两者在这一类别中是完美和成功的,彼此是同质的。同样,也有意大利的"反模型":这个**不正常的**国家(pays *anormal*)②,**不正常在于**(*anormalement*),它本身没有能够成为一个民族,没有能够进行"它的法国革命",并具备一个真正的国家(État)。简言之,历史有正常(normal)和病态之分。为什么呢？葛兰西很自然地把我们打发回历史,也就是说③,打发回历史材料的无限之中,没有_____,没有生产方式,没有(不完全_____已是共产主义的)阶级斗争,没有物质的国家也没有意识形态国家机器;打发回无限之中,历史材料的_____稳定的,它使我们能够思考变化,_____事实。

　　而悖论的顶点在于④,当这种历史主义的却又是规范的思想

---

①　注意 normative("规范的")与 norme("规范")跟上下文中 normal("正常的")、anormal("不正常的")、normalement("正常地",或译"正常情况下")、anormalement("不正常地",或译"不正常情况下""不正常在于")等同根词的关联。——译注

②　注意 pays 不同于本句下文的 État,前者指作为地理概念的国家,后者指作为政治概念的国家。——译注

③　从这里开始,打字文稿此页的复印件有脱漏。——原编者注

本书中因脱漏而造成语句不完整的地方,由于句子意义不明确,译文以体现原文语序和单个词义为主要目的,不再考虑汉语表达的通顺。——译注

④　参见路易·阿尔都塞,《不能在法国共产党内继续下去的事情》,前引,第 105 页。——原编者注

面对那_____,后者既不符合它的理想的_____,也不符合
它的**一个仍然是实际存在的国家的**_____理想的条件,并**实现
了统一体**_____经济、政治和"道德"改革,本身也教育了那
些_____,他们属于一个完全发挥功能但并没有_____一场
"法国革命"的国家,例如意大利国家,于是葛兰西用了"**被动**革
命"这个词。

　　这意味着,在这种情况下,历史不是**作为它**_____被创造。
革命不是来自下层,不是来自统一的民众运动,而是来自上层,是
在_____中,由与君主制结盟的①资产阶级发动的,而人民在这
个过程中停留在_____:完全不能确定人民在这个过程中
是_____,而仅仅是历史的行程,一切历史的_____,并不是
它应有的样子。这意味着有这样的历史和那样的历史,有历史的
好和坏。历史主义以这种方式分裂为两部分,但是这_____的
两部分只隶属于一个规范(norme),后者_____它们,如果不
在_____中思考,人们就不知道为什么会这样。

　　这个"被动革命"的概念(concept)在葛兰西那里得到无限
的扩展。他不仅用它来思考人民复兴运动②的_____,和由加

71

---

　　① 手稿此处缺冠词 la,法文版在方括号中补足。——译注

　　② 关于作为"被动革命"的复兴运动,参见《狱中札记》,R.帕里斯编,第
5 卷,C.佩吕(C.Perrus)和 P.拉罗什(P.Laroche)译,巴黎,伽利玛/NRF 出版
社,"哲学文库",1991 年,第 19 笔记本,第 24 节,第 58—62 页。——原编
者注

　　"复兴运动"原文为意大利文 Risorgimento,指 19 世纪意大利争取民族独
立、实现国家统一的运动。——译注

富尔①与君主制之间缔结的同盟对这一历史任务的独揽。他把它用于法西斯主义和纳粹主义,②最终在字里行间,他把它用于斯大林的苏联。他也确实用这个命名"触及"了某件确切的事情:民众的首创精神在这些独特的"革命"中是不在场的,在那里一切都来自上层,因此,日益强化专断的国家和日益与其历史命运"格格不入"的人民群众之间的分离支配了一切;而且,我们在这里不是看到一个伦理国家的美好统一体的支配,而是看到国家从外部渗透到群众中,渗透到"市民社会"中,把改革强加给它们,并通过国家的工会和党这种强制的、人为的统一体,把人们组织起来。而且,由于总是需要用不正常的"被动革命"与正常的主动革命相对照,所以几乎被葛兰西拿来与所有这些在其统一体中非伦理、非普遍的国家相对照的,是另一种革命的意象;后者作为主动的、因而也是正常的革命,在同时代的大洋彼岸、在罗斯福的美国进行着,那就是所谓新政③的革命。

用这些命名和例子,葛兰西触及了某件属于现实的事情,这

---

① 卡米洛·奔索·加富尔伯爵(Camillo Benso Conte Cavour,1810—1861),意大利政治家、外交家,意大利复兴运动中自由贵族和君主立宪派领袖。任撒丁王国首相(1852—1859,1860—1861)、意大利王国第一任首相(1861)。——译注

② 关于作为"被动革命"的法西斯主义,参见《狱中札记》,第3卷,前引,第10笔记本,第1部分,第9节,第34—35页。——原编者注

③ "新政"原文为英文 New Deal,指1933年富兰克林·罗斯福就任美国总统后实行的一系列经济政策。新政以增加政府对经济直接或间接干预的方式,缓解了大萧条所带来的经济危机与社会矛盾。这是资本主义生产关系的一次内部和局部的调整,形成了国家垄断资本主义的新模式。——译注

一点没有人能够否认。但问题是要知道**什么事情**被触及，以及**如何被触及**。而我们不由得要就此议题作两点提醒①。

　　首先我们可以注意到，葛兰西几乎从未使用过一个——我们当然可以批判，但在马克思主义理论中却是惯用的——说法，即**反革命**（contre-révolution）这个说法。同理，我们也可以注意到，葛兰西在通过主动或被动"革命"来思考历史的行程时，似乎对**倒退乃至落后或停滞**的种种现象并不敏感。这两点提醒具有同样的意义：因为，对于在某种十足的唯心主义历史哲学中思考的葛兰西来说，历史的行程事先就被确定了方向；历史有一个意义②，因而有一个目的。他对布哈林《教材》的机械论的全部批判，的确让他远离机械论，但也让他更靠近目的论③。而且——如果我们需要这方面的一个显著标记——这就是葛兰西④为什么**不断回到马克思《〈政治经济学批判〉序言》⑤里那两个乖谬的（因为是唯心主义的）句子的理由："一种生产方式，在它所能容纳的全部生产力发挥出来以前，是决不会灭亡的"**，和**"人类始终只提出自己能够**

73

---

　　① 注意这里的名词 remarque（"提醒"）和下文动词 remarquer（"注意到"）的关联。——译注

　　② sens（"意义"）也有"方向"的意思（注意：上文"被确定了方向"的原文为 est orienté），所以这里也可以译为"有一个方向"。——译注

　　③ finalisme，或译"终极目的论"。另在本书附录《致〈再生〉杂志的信（论葛兰西的思想）》一文中译为"目的论"的则是 téléologie 一词。——译注

　　④《狱中札记》，第 3 卷，前引，第 13 笔记本，第 17 节，第 376—377 页。——原编者注

　　⑤《〈政治经济学批判〉序言》，M.吕贝尔及 L.埃弗拉尔译，见卡尔·马克思，《著作集》，前引，第 273 页。——原编者注

解决的任务"①。这两句话**完全说明不了什么**,并且在马克思那里只能用某种历史哲学的残存来解释,但葛兰西却在其中看到了马克思历史思想的试金石和理论基础! ……

于是我们就可以理解,为什么葛兰西只在一个范畴——革命这个范畴——下思考一切历史,以及为什么,在其规范的视角内,他用于思考历史的资源无外乎两种:**要么采取主动革命的形式**,这种革命自身包含着一个真正的伦理国家的种种前提(les prémisses)以及许诺(la promesse);**要么采取"被动革命"的形式**,这种革命发生在一个非伦理的坏国家,也没有在公民中产生出一个名副其实的文化统一体。

但这个"被动革命"的概念(notion)②——它显然以对位法③方式指向主动革命的概念(葛兰西没有用过这种形式的表达)——对葛兰西来说,通过革命的正常的或不正常的形式,阐明

---

① 这两句引文的法文表述形式与中文版通行译文略有差异。参见《马克思恩格斯选集》,第 2 卷,前引,第 33 页:"无论哪一个社会形态,在它所能容纳的全部生产力发挥出来以前,是决不会灭亡的;而新的更高的生产关系,在它的物质存在条件在旧社会的胎胞里成熟以前,是决不会出现的。所以人类始终只提出自己能够解决的任务,因为只要仔细考察就可以发现,任务本身,只有在解决它的物质条件已经存在或者至少是在生成过程中的时候,才会产生。"——译注

② 本句提到"被动革命"和"主动革命"这两个"概念"时,用的都是 notion 一词,而上文出现过的"'被动革命'的概念"中的"概念",则用的是 concept 一词。——译注

③ contrepoint,原指在音乐创作中使两条以上相互独立的旋律同时发声并且彼此融洽的技术。此处借用来指两个概念之间的对应关系。——译注

了历史的本质就是**能动性**(*activité*):要么是能动性的在场,要么是能动性的不在场。当然,最终重要的是人民群众的能动性(或非能动性),这给葛兰西的思想赋予了进步主义的,甚至民粹主义的方面,但重要的还是能动性。

　　然而,为了在这个直接性的——也就是抽象的——水平上表达历史的"本质",马克思,除了在青年时期那些深受费希特式批判影响的文本中①,除了他在《德意志意识形态》里所捍卫的那种经验主义唯物主义的历史哲学中,从未用过**能动性**这个词。如果还是**在这个水平上**,需要指出一个让马克思中意的说法来指明历史的"本质",那么这个说法毫无疑问就是**实践**。然而,让葛兰西如此感兴趣的能动性,对于实践而言,则可以充当它**内部的真理**。在一切实践中隐藏着能动性。谁的能动性?显然是一些个人的、"人们(hommes)"的能动性。这就是为什么能动性的唯心主义非常自然地、直接地指向"人们创造了历史"②的唯心主义,指向一些个人的能动性的唯心主义,我们在《德意志意识形态》③里看到

75

　　① 指阿尔都塞所说的青年马克思"人道主义时期"的"第一阶段,占主导地位的是离康德和费希特较近而离黑格尔较远的、理性自由主义的人道主义"。参见阿尔都塞,《人道主义和马克思主义》,见《保卫马克思》,顾良译,商务印书馆,2010 年,第 218 页以下。译文有修改。——译注
　　② 参见路易·阿尔都塞,《答约翰·刘易斯》,前引,第 16 页以下。——原编者注
　　《答约翰·刘易斯》原文为"是人创造了历史(C'est l'homme qui fait l'histoire)"。——译注
　　③ 卡尔·马克思等,《德意志意识形态》,前引,第 1054 页以下。——原编者注

这些个人"从他们自己出发"①,从事活动(agir),在这个说法②的所有意义上从事活动,生产消费品,从事政治活动,从事道德活动,等等。在这些条件下,对于在葛兰西那里发现**人道主义**的重大主题,以及在"**绝对历史主义**"与"**绝对人道主义**"③之间正式确认的同一性,我们就不会感到惊讶了。必须承认,葛兰西的功劳即便不是正确地思考,至少也是以内在一致的方式思考自己错误地思考着的东西。这一点对那些善于阅读的人来说是极为宝贵的。

但是,关于这个"被动革命",以及引入这个概念——作为葛兰西心目中的一个基本概念——的后果,我们可以作另外一点提醒:如果葛兰西触及了某件属于实在(le réel)本身的事情,他是**如何触及**的呢? 最大的失望在这里等着我们。因为,在一种规范的历史哲学的幌子下,葛兰西仅仅提供了纯粹的、**表面的描述**。我们要明确的是:不应该轻视表面的东西,那里可能包含着某种认识要素,特别是一些迹象和症状,只要真的去分析它们,我们就可以把它们一直带进真正认识的门槛。但是,尽管它被给予我们,表面的仍是表面的。有一些革命来自人民群众,而另一些革命则悖论性地由统治阶级发动,通过这一观察,我们得到了什么? 除非需要预先把一切历史都统一在革命的概念底下,是什么允许我

---

① "各个人的出发点总是他们自己……",《马克思恩格斯选集》,第 1 卷,前引,第 119 页。——译注

② agir("从事活动")这个说法有"活动""表现""发挥功能""起作用"等意义。——译注

③ 参见第 50 页,注释①[译者按:即本书第 37 页,注释①]。——原编者注

们玩弄这个文字游戏,用"革命"这个词同时谈论法国革命、罗斯福、加富尔、墨索里尼和希特勒,还有斯大林? 在"被动革命"的表达中使用"革命"这个说法,在什么方面给我们提供最起码的认识? 这个说法的滥用不是反而让我们陷入混乱了吗? 而像葛兰西那样**描述**"被动革命"对立于主动革命或真正革命的一般特性,我们又得到了什么?

不错:我们学到了一些东西,特别是我们学到了统治阶级可以完成**在正常情况下本来应当**由人民群众来完成的一些任务。多了不起! 因此,如果民众运动已经存在,谁能说被完成的是**同一些任务**? 我们只能根据一个目的论的历史观念来断言这一点,这个观念事先确定了一些任务,同一些任务,如果人民群众完成了这些任务,那么好极了,但如果他们没有能力完成,那么统治阶级将会完成这些任务,这样就"不妙"了,因为迟早会坏事……

而且,为了触及这个伪历史理论中最敏感的点,葛兰西如何解释当一些任务被历史地提上历史的"日程"(创制一个民族国家,完成一场革命,等等)时,人民群众有时会在场,有时会不在场? 他如何解释当一些任务被历史地提上历史的日程,而人民群众并没有到场来实现这些任务时,就有(多巧啊!)统治阶级出面来完成这些任务,或者①几百年都没有**任何人**(就像意大利的情况那样)来实现这些任务?

葛兰西,或者一个葛兰西式的哲学家,总是能用一系列**历史**材料来回答,但由于这些材料和它们所要解释的事实同样是表面

———————————

① 此处原文为 où("在那里"),很可能是 ou("或者")的误植。——译注

的——因为同样是经验的——所以他终究不能克服他从自己的哲学出发、自己人为制造的困难。因为,正如我们不能用世界上所有的水流来解释这一玻璃杯的水,我们也不能用世界上所有历史材料的无论多长、多复杂的连续性,来解释某一(直接历史材料意义上的)历史材料。这就是为什么,葛兰西的那些"分析"——它们**不是一些分析**,而是对某一历史材料①的**描述**,是把这一材料分解为某些任意选择的要素,再把这些要素和从其他历史材料中提取出来的其他要素相比较——即使就其中具有的新东西而言,也不产生任何真正的认识,只产生一些认识的幻象,当然也带有一切幻象所包含的一切"积极"方面,因为幻象并不是错误。

其理由非常明显。由于葛兰西是与自己相一致的,并且,他通过宣告"绝对历史主义"已经向我们透露了他的哲学的"自我意识"②,所以,他自然倾向于认为,直接历史材料作为材料本身,就成为它自己照在自己身上的光芒③,成为它自己的真理。而这就是为什么他严守历史材料,从不逾越它的界限;这就是为什么他因此满足于描述它,并提取一些他从中任意"抽象"出来的、与从其他历史材料中(同样任意)取得的要素相比较的要素,即这

---

① 在本书中,作者一般使用阴性的 donnée historique("历史材料")及其复数形式,仅从这里开始到下一自然段结束,使用了阳性的 donné historique 及其复数形式。英译本将 donnée 译为 fact("事实"),donné 译为 given("给定物")。但考量文义,两者并无区别,很可能是笔误。所以我们将这两段话里的多处 donné(s) 也统一译为"材料"。——译注

② 参见第 10 页,注释③。——译注

③ 注意本段中两处 lumière("光芒")也可引申为"阐明"的意思。——译注

个历史事实**内部的真理**——它就这样被自己的光芒所照亮。马克思曾写道:"如果事物的本质是直接可见的,那就不需要科学了。"①

　　对葛兰西来说,历史的东西(l'historique)的本质(而一切都是历史的[historique])是直接可见的,其代价是一些经验的抽象和一些经验的对比。斯宾诺莎说:犬的概念是不吠的。② 举个葛兰

------

①《资本论》,第 3 卷,C.科恩-索拉尔和 G.巴迪亚译,巴黎,社会出版社,1976 年,第 739 页。——原编者注

引文据法文直译。《资本论》第 3 卷中文版译文是:"如果事物的表现形式和事物的本质会直接合而为一,一切科学就都成为多余的了。"见《马克思恩格斯全集》(第 2 版),第 46 卷,人民出版社,2003 年,第 925 页。——译注

② 一个斯宾诺莎主题的阿尔都塞变奏。参见斯宾诺莎,《知性改进论》,双语版,A.莱克利万(A.Lécrivain)编译,巴黎,GF-弗拉马里翁出版社(GF-Flammarion),2003 年,第 33 节,第 84—85 页;《伦理学》,双语版,B.波拉特(B.Pautrat)导言并译,巴黎,色伊出版社(Seuil),1988 年,1999 年再版,第 1卷,命题十七,附释,第 48—49 页。——原编者注

阿尔都塞在《亚眠答辩》和《来日方长》(第 18 章)等处也使用过这个说法,以表明"认识对象"和"实在对象"的区分。法文版原编者指出的两段话如下:"真观念——因为我们具有真观念——与它的对象不相同:因为圆形是一个东西,而圆形的观念又是另一个东西。圆形的观念是没有周围和圆心的,而圆形则有。同样,物体的观念也并不是物体本身……"《知性改进论》,贺麟译,商务印书馆,1960 年,第 29 页;"我以为,如果理智和意志属于神的永恒本质,则对于这两种属性,显然应与一般人所了解的理智与意志完全不同。因为构成神的本质的理智与意志与我们的理智与意志实有天壤之别,最多只是名词相同。就好像天上的星座'犬座'"与地上能吠的动物'犬'一样。"《伦理学》,贺麟译,商务印书馆,1983 年,第 21 页。——译注

79 西应该喜欢的"历史的"例子吧,谈谈朱庇特神庙的那些鹅①,我们可以让他承认,鹅的概念不会尖叫,这不是因为它是一个概念,而是因为这个概念不存在。他可以说,历史的概念不是历史的,这不是因[为]②历史不是历史的(它只能是历史的),而是因为并没有历史的概念。的确,如果并没有历史的概念,我们已经知道那是为什么了:在葛兰西那里,有一个历史的理念(Idée),抑或历史就是理念,也就是说,它要达到一个目的(Fin)。

　　如果历史的东西在自身中直接地(也就是经验地)包含它自己的本质,那么说到底,只要去注意历史事件在其经验性中如同它们实际发生那样的连续性就足够了。这就是葛兰西所做的事情,他把一些任意的描述当作真正的分析。**葛兰西不是一个历史的理论家,而是一个历史的读者**:历史对他来说,如同一个直接向阅读它的人透露它的意义的文本。它的意义……对,全部幻象就在于此。因为一个文本向阅读它的人透露的,不是**它的**意义,而是**一种**意义,后者诞生于一种意义在文本中的强加或显露同充斥或萦绕在读者头脑里的所有文本——因为它们"弥漫在空气中"——的相遇。也就是说,葛兰西在绝对经验主义(和绝对历史主义是一回事)的**幻象**中"阅读"历史,这种幻象把历史孤立起来去阅读它,出于一些与历史无关的理由,它执着地认为历史的意义会直接显露在对历史的阅读中。

---

　　① 指在公元前 390 年的卡皮托利亚山之战中,山上朱庇特神庙里的白鹅鸣叫示警,从而打破高卢人的偷袭计划,救了罗马的事情。——译注

　　② 法文版编者用方括号里的 que,补足了这里的连词短语 parce que("因为")。——译注

就在这里,事情可以翻转过来,并且需要提出**真正的问题**:为   80
什么葛兰西生活在这个幻象里? 更好的问题是:**为什么他需要这
个幻象**? 对这个问题的回答将迫使我们全面研究意大利阶级斗
争的历史,还有意大利知识分子的哲学与政治素养;葛兰西尽管
独特,但也不过是他们的一个典型历史案例而已。

但这显然是要用一种完全不同于葛兰西的方式来设想历史
了。而且这将表明他[出于什么]理由,如此巧妙地避免谈论——
尤其是避免考虑——下层建筑、生产方式和生产关系、再生产,甚
至阶级斗争,以及,在他躲进的那个"领域"即上层建筑和在——上
层建筑中的——政治中,任何可能类似于一种理论分析的东西。

因为这就是最后要达到的目的。因为葛兰西是一个政治家,
而且是一个伟大的政治家。他是都灵工厂委员会的领袖,是 1921
年前后斗争中伟大的列宁主义者,与陶里亚蒂同为意大利共产党的
创始人,是将他囚禁至死的法西斯主义的顽强对手,是从布哈林开
始、将以斯大林告终的那种经济主义传统的理论教条主义在政治上
头脑清醒的批评者,是个在狱中——跟自己的党相反——致力于反
对苏共和共产国际政策的人。这个人是一个非凡的政治家,而所有   81
认识他的人都赞扬他在讨论和行动中表现出来的智慧、力量和光彩。

一个满怀政治热情的人,在他的理论著作中也对政治感兴
趣,可以说是再正常不过了。而事实上,只要读一读《狱中札记》
(原文如此①)就足以认识到,葛兰西在那里论述的主要是政治。
但我们需要走得远得多。因为,对政治感兴趣是一回事,而坚持

---

① 作者将 *Cahiers de prison*(《狱中札记》通行的法文译法)写作 *Cahiers de
la prison*。——译注

"一切都是政治的"这个哲学论点又是另一回事。我的确在用哲学这个词,并且在用哲学这个词的时候,我**始终**在谈论葛兰西打出旗号的那种哲学,即等同于绝对人道主义的绝对历史主义。

怎样理解这些新的发展? 因为最后的话还没有说出来,直到现在才被宣布。但为了听懂它,需要有一点注意力。

葛兰西把马克思主义叫作"实践哲学"。这样做的时候,他否认了一种传统的区分。这种区分当然曾被利用和歪曲,但并非没有存在的理由。这就是"历史唯物主义"——或对阶级斗争的条件和形式加以认识的诸原则——和(为了不使用"辩证唯物主义"这个糟糕的表达)"马克思主义哲学"之间的区分。即便最后这个表达我自己已不再采用,应当被替换掉,这种区分也自有其理由,并且可以得到辩护。然而,葛兰西①拒绝了这种区分;这是为了把"历史唯物主义"归入"实践哲学"。对他来说,这是一回事。说白了,在葛兰西心目中,正如在他曾经阅读并赞许的马赫心目中——那个被列宁②如此猛烈批判过的马赫——科学性的认识和哲学论点之间并无差异:前者就其本质来说可以简化为后者。**因此一切都是哲学的**(科学、宗教、艺术、政治,等等③)。而"实践哲

① 针对这类区分,葛兰西特别强调一个事实,即**实践**哲学具有一种"整全哲学(philosophie intégrale)"的特性(《狱中札记》,第 3 卷,前引,第 11 笔记本,第 22 节,第 222—223 页)。——原编者注

②《唯物主义和经验批判主义:对一种反动哲学的批判》,巴黎/莫斯科,社会出版社/进步出版社,1973 年,第 9—10,27—34,40—45,50—53,343—345 页等处。——原编者注

③ 这里列举的诸项中,"科学"和"艺术"为复数形式 les sciences 和 les arts,指各门科学和各门艺术。下文同。——译注

学"是世上唯一意识到一切都是哲学、人人都是哲学家①这一事实的哲学。如果事情实际上就是如此，如果一切向来都**是**哲学，那么哲学的能动性又能存在于何处呢？只能存在于对——关于现存事物、科学、政治、艺术、宗教等的——种种错误观念②的**批判**中。这种批判，通过让人们看到什么是错误的，将向人们揭示出他们并不知道却深藏于自己内心的真理。这个最初和最终的真理③便是：**一切都是哲学**。

在这个"批判"的观念中，每个人都将辨认出那个唯心主义的老观念，后者预先假定了真(vrai)的存在，以及真理的力量——只要普通意识("小人物"的意识)稍稍认识到那栖居在学者的意识中的真理之光，这种力量在权利上④就能够摆脱错误。不知道自己是哲学家的哲学家，之所以能够成为哲学家，只是因为存在着这么一些哲学家——他们知道，自己和所有不知道自己是哲学家的其他人都是哲学家；他们知道，一切都是哲学。老的唯心主义，

83

---

① 参见路易·阿尔都塞，《在哲学中成为马克思主义者》，前引，第127页；《写给非哲学家的哲学入门》，前引，第52页以下，第384页以下。——原编者注

"如此一来，我们就不必再为葛兰西的那句话感到惊讶，他说'人人都是哲学家'，因为人人都或直接(如果他是哲学家)或间接(如果他不是哲学家)地被包含在那些哲学论点中的哲学调整所触动。"见阿尔都塞，《在哲学中成为马克思主义者》，吴子枫译，前引，第127页。——译注

② 或译"虚假观念"。参见第36页，注释①。——译注

③ 参见第34页，注释②。——译注

④ en droit，通常与de fait("在事实上")相对而言，相当于拉丁文de jure和de facto这对说法。——译注

就与(由国家和党从事的、葛兰西如此喜欢的)教育的主题联系起来了。

　　真理栖居在人人心中而他们却不知道，这是一回事。但在葛兰西的情况里令人惊奇的是，这个栖居在人人心中的哲学真理被表述为：一切都是哲学。这是一个谜，但同时也提供了它的解。因为葛兰西在同时谈论马克思和哲学(马克思主义哲学是唯一的真哲学，是在一切哲学都不知道的情况下栖居在它们深处的唯一的哲学)的时候，他不仅仅是用哲学这个词——他用的是"**实践**哲学"。今天已经不再有人真的认为，葛兰西只是用这个说法来隐瞒自己的思想，以便逃避看守的审查，因为马克思的名字或马克思主义这个形容词都会引起他们的警惕。这个说法毋庸置疑地表达着他自己的思想。"Praxis"①：葛兰西本来可以使用意大利文的"pratica"②一词，就像我们说"philosophie de la pratique"③。葛兰西从马克思《关于费尔巴哈的提纲》里借用了这个说法，但那里并没有出现"实践哲学"这个表达，而是分别出现了"哲学"和"实践"。④ 这是一个无意义的细微差别吗？我不这么认为。因为，通过拒绝使用 pratique⑤ 的说法——它可以单独

84

————————

　　① 德文的"实践"。葛兰西在"实践哲学"的说法里使用这个德文词，以表明它源于马克思。参见下文。——译注

　　② 意大利文的"实践"。——译注

　　③ 法文的"实践哲学"。这里与别处遵从葛兰西借用德文的"实践"一词不同，阿尔都塞使用了法文的 pratique("实践")。——译注

　　④ 马克思在《关于费尔巴哈的提纲》中并没有使用"哲学"一词，而是使用了"哲学家们(Philosophen)"。——译注

　　⑤ 法文的"实践"。——译注

使用(实践),但也很容易、很经常被限定使用(政治实践,社会实践,审美、哲学、宗教实践)——而宁愿使用"praxis"的说法,葛兰西正像马克思在《关于费尔巴哈的提纲》中谈论"实践"的"主体方面"①那样,强调一切实践的内在性,即**能动性**②——这个我们已经知道了。

　　能动性属于同"实践(praxis)"这个说法相联系的那些主题之列,对能动性主题的这种哲学偏好在葛兰西的思想中绝不是没有意义的。如果一切都是哲学,如果能动性构成了哲学的本质,那么"实践哲学",这个有着谜一般表象的命题,就获得了一个确切的意义。如果哲学的本质的确是**能动性**,那么实践哲学就有理由坚持"一切都是哲学"这个论点。如果我们不是抱着——与费希特的先验论不同的——历史主义的经验主义,我们在这一点上就会非常接近于一种有着费希特式表象的思想(太初有为③)。"一

_____

　　① 法文为名词 subjectivité,一般译为"主体性""主观性",而马克思在《关于费尔巴哈的提纲》中使用的是德文的形容词 subjektiv("主体的""主观的"):"从前的一切唯物主义(包括费尔巴哈的唯物主义)的主要缺点是:对对象、现实、感性,只是从**客体**的或者**直观**的形式去理解,而不是把它们当作**感性的人的活动**,当作**实践**去理解,不是从主体方面去理解(nicht subjektiv)。"《马克思恩格斯选集》,第 1 卷,前引,第 45 页。——译注

　　② activité,或译"活动",马克思在《关于费尔巴哈的提纲》中使用了与该词相对应的德文词 Tätigkeit(中文版通行译法即"活动"),本书统一译为"能动性"。——译注

　　③ 语出歌德《浮士德》。这里的"为(action)"在本书其他地方译为"行动"。——译注

切都是能动性"并不是指行动①(费希特)的先天的先验能动性,也不是指"实践(praxis)"的具体的先验能动性——这种"实践"在一切谓词实践(pratique)中,**重返**一种前谓词实践(praxis)的**被动**综合(胡塞尔在其生命的最后阶段,在《经验与判断》②中,也发展出一种"实践哲学",只不过是一种具体的—构成性的"实践哲学")——而是非常简单直白地指一个**经验事实**:"人们",也就是说,具体的个人,无论在孤独中,还是(尤其)在社会生活中,在本质上当然——一望即知——是"能动的"③,并且他们的能动性"创造了历史"。

85

我们来理清楚:一切都是哲学。一切哲学的真理都是"实践哲学"。实践(praxis)就其本质来说是能动性。所以一切都是能动性。这个论点大概适用于整个宇宙。葛兰西对此没有什么兴趣,但也不排斥。无论如何,在人类世界中**一切都是能动性**。这意味着:个人是能动的,并且他们的能动性创造了历史。

那么结论就是:如果个体是能动的,而且这是明摆着的,那么同样明摆着的是,他们有不同的能动性④。在生产消费资料的能

---

① 原文为 Acte,费希特的概念。acte 一词在本书其他地方译为"行为"。——译注

②《经验与判断》,D.苏舍-达格(D.Souche-Dagues)译,巴黎,法国大学出版社,"厄庇墨透斯"丛书(«Épiméthée»),1991 年。——原编者注

原文中书名为德文:*Erfahrung und Urteil*。——译注

③ 形容词 actif(阴性 active),前文在"主动革命"的说法中译为"主动(的)",在这里与"能动性(activité)"对应,则译为"能动的"。——译注

④ activité 或译"活动",此句也可以理解为"他们有不同的活动"。——译注

动性和向神祈祷的能动性，或从事哲学的能动性、政治的能动性
和踢足球的能动性之间，似乎没有什么共同的东西。唉，你错了：
这一切能动性有一个共同的本质，或者更确切地说，**在这些不同
的能动性中间**，有一种能动性既是其他能动性的本质，**又是它自
己特有的本质**——这就是政治。在说了一切都是哲学之后，葛兰
西①宣称：**一切哲学都是政治的**。既然我们知道一切哲学的本质
都是能动性，我们便可以给政治这个词一个确切的意义：**政治的
能动性**②。这完全说得通。

　　在这里，在一切真理和一切可能的行动——包括一切政治行
动——的阿基米德支点上，葛兰西找到了他感兴趣的事情，真正
感兴趣的事情；而且，当葛兰西思考政治行动时，他毫无疑问并且
尤其指的是由"现代君主"——共产党所引导的、通向夺取国家政
权的、群众的、革命的政治行动。

　　关于整个这一思想上的巨大迂回，我们已经概略地标出了其
中的各阶段，以便最终抵达这里、这个确切的点③——在这里，伟
大的政治领袖在那所肮脏监狱的高墙内，用手引领着哲学
家——直达一切真理的真理。这个真理将使人民群众——没准
他们有一天能够读到他手写的笔记，并且汲取其中的真理——

---

　　① "我们因此同样达到了'哲学与政治'、思想与行动之间的相等或均
衡，从而达到了一种实践哲学。一切都是政治的，甚至哲学或哲学家[……]
而唯一的'哲学'就是行为中的历史，也就是生活本身。"《狱中札记》，第 2
卷，前引，第 7 笔记本，第 35 节，第 202 页。——原编者注

　　②《狱中札记》，第 3 卷，前引，第 13 笔记本，第 10 节，第 366 页。——
原编者注

　　③ 指葛兰西对所谓"政治的能动性"的思考。——译注

87 不是撬动世界①,而是"改变"它,最终进行革命。这些思考产生于个人和政治的孤独,产生于那样的岁月——当时人民阵线仍在坚持,但法西斯主义从东方到西方在全世界节节胜利,没有一丝希望的光芒照亮工人运动的未来,此后也没有任何这样的光芒能够真正来自斯大林主义束缚下的苏联——因此,这些思考产生于现代历史上最晦暗、最绝望的黑夜:这一点只能从情感上抓住读者,让他们在赞美中颤抖,而他们心中仍然充满幻象,就像我们今天对于自己的未来那样。

但这并不能免除对葛兰西关于政治的思想作出细致的考察:不是出于对它们加以评估(指出其价值或错误)的哲学乐趣,而是因为这些思想果真如其作者所愿,渗透到了世界上广大的群众中间,不仅是在意大利——在那里,自陶里亚蒂以来,葛

---

① "阿基米德只要求一个固定的靠得住的点,好把地球从它原来的位置上挪到另外一个地方去。同样,如果我有幸找到哪管是一件确切无疑的事,那么我就有权抱远大的希望了。"(R.笛卡尔[R.Descartes],《沉思集》[Méditations],巴黎,法国大学出版社,"战车"丛书["Quadrige"],2012年,第36—37页。)[译者按:见笛卡尔,《第一哲学沉思集》,庞景仁译,商务印书馆,1986年,第22页。译文有修改。]"你们像阿基米德那样,寻找一个可以撬动世界的固定点,并且你们认为可以在这个原则或这个已知条件中找到它:我思(je pense)[……]"(《清点伽森狄反驳中所包含的新论据》[«Recensement des arguments nouveaux contenus dans les instances de Gassendi»],载《哲学著作集》[Œuvres philosophiques],A.加尼埃[A.Garnier]编,第2卷,巴黎,阿歇特出版社[Hachette],1834年,第509页。)参见路易·阿尔都塞,《亚眠答辩》,前引,第160页;《关于马克思与历史》(«Àpropos de Marx et l'histoire»),见《历史论集》,前引,第278页。——原编者注

兰西就被当作意大利共产党的官方理论家看待，甚至在共产党和左翼工会之外，也得到极广泛的采纳——而且因为他的思想在西班牙、英国、日本、美国等许许多多资本主义国家，在共产党人中间和他们周围，正在取得领导权。事实上，葛兰西的思想正在成为所谓欧洲共产主义①普遍承认的思想。就以这样的名义，即由于一些政治上的理由，我想在这里考察葛兰西著作中关于政治的主题。也仅仅是这些理由，迫使我在前面作了漫长的

88

---

①　"欧洲共产主义"将是本书未完成的第四部分"葛兰西，欧洲共产主义，阶级专政"讨论的主题，请读者参考。这个提法被用来命名西欧一些国家的共产党于 20 世纪 70 年代中期开始提出的关于发达资本主义国家走向社会主义的一套思想和战略。1977 年 3 月，意大利、法国和西班牙三国共产党领导人在马德里举行会晤，通过了名为《在民主、自由中实现社会主义》的纲领，标志着"欧洲共产主义"正式诞生。经过陶里亚蒂发展的葛兰西思想——"市民社会领导权"和"阵地战"——充当了"欧洲共产主义"的重要理论源头。"欧洲共产主义"各党既希望摆脱苏联、东欧的模式，又试图区别于社会民主党的路线，开辟通向社会主义的第三条道路。它们主张放弃暴力革命，不打碎旧的国家机器，利用现有资产阶级民主和议会斗争，通过"结构改革"实现向社会主义的和平过渡；主张放弃无产阶级专政概念，建立一种"自由和民主的"社会主义，实行政治多元化和多党制；主张用"新国际主义"代替"无产阶级国际主义"的口号，反对在国际共产主义运动中有领导党和领导中心，主张各党独立自主。在其发展的鼎盛期，除意大利、法国、西班牙、英国、比利时、荷兰、希腊等十几个西欧国家外，还有澳大利亚、日本、墨西哥、委内瑞拉等国的共产党和左翼政党，都纷纷宣称奉行或赞成"欧洲共产主义"。"欧洲共产主义"构成了国际共产主义运动的重大转型，但在阵营内外纷争的背景下，这一思想和战略遭遇种种挫折和问题，从 20 世纪 80 年代中期开始走向衰落。——译注

迂回,以便我们能够看清楚这个使一切从中得到决定的场所——政治。

但是,要想理解葛兰西关于政治所形成的观念,还有必要再作一番迂回。首先应该知道,葛兰西思考的方式**是如此独创,以至于我们要询问自己还能在多大程度上把他和马克思联系在一起**。例如,我们已经看到,葛兰西并没有真正去考虑——甚至忽视了(或许因为监狱里没有《资本论》,所以在某些要点上不了解?)——马克思主义"生产方式"、下层建筑和生产关系理论。在这个忽视的清单里,还应该加上一样东西,就是**再生产理论**,它和生产关系理论一道支配着一切,尤其是支配着整个马克思主义上层建筑理论(尽管马克思从未就这一点明确发表看法)。

这套概念(concepts)的整体都可以在马克思那里明明白白地找到,有些展开得很充分(下层建筑、资本主义生产关系,以及再生产——没错,最后这个概念只是以不变资本与劳动力的再生产的名义展开),有些则更简略(生产方式、上层建筑及其所有"要素":国家、法、各种意识形态)。

然而,一旦所有这些决定性的概念(notions)被忽视或抛弃,一旦上层建筑的一些东西(尽管不够明确)可以渗透到下层建筑这一点得以说明,这就成为论证我们能够从上层建筑出发"读懂"下层建筑的一个途径,因而在这种"阅读"的邀请下,葛兰西**以自己的、与马克思相去甚远的方式建立了他自己的理论**。

为了取代下层建筑和上层建筑之间的区分——这种区分由

于其机械论和形而上学而受到批评——葛兰西①向我们提出了另一种似乎是老相识的区分:**国家和市民社会之间的**区分。我说"似乎",是因为这种区分在资产阶级唯心主义的经济与政治哲学传统中,从 17 世纪以后,就明明白白地出现了;而黑格尔②在他的法哲学中将其记录并完全明确了下来,他明确说:国家是理念的——因而是具体的普遍者的——实现,而市民社会是**私人的**"需要的体系",即对劳动、对经济生产与消费的需要的体系,但**其③中也包含**一些**机器**(法院、警察)和一些"市民的"组织(同业公会)。实际上,葛兰西并没有原原本本地重新采用这种老的区分,他给了"市民社会"一个新的意义。葛兰西④在公/私这一资产阶级法律区分内部思考,把市民社会说成是存在于国家外部的

90

---

①　"[……] 我们说的国家,除了政府机器之外,也应当包括'私人的'领导权机器或市民社会。"(《狱中札记》,第 2 卷,前引,第 6 笔记本,第 137 节,第 117 页。)通过批评作为"守夜人"的国家的概念,葛兰西表明国家应当包括市民社会的一些要素,因此得出了那个著名的等式"国家=政治社会+市民社会,即一种穿着强制权铠甲的领导权"(前引,第 6 笔记本,第 88 节,第 82,83 页)。关于作为"守夜人"的国家的概念,也参见《狱中札记》,第 5 卷,前引,第 26 笔记本,第 6 节,第 327—328 页。——原编者注

②　《法哲学原理》,第 189 节以下。——原编者注

③　原文为阴性的 elle,指上文的"市民社会"。——译注

④　《狱中札记》,第 3 卷,第 12 笔记本,第 1 节,第 314 页。"从现在起,我们能够确立上层建筑的两大'层面':一个是我们可以称之为'市民社会'的层面,也就是通常所谓'私人的'一些组织的整体;一个是'政治社会或国家'的层面。它们一个对应于占统治地位的集团对整个社会行使的'领导权'的功能,另一个对应于在国家和'合法'政府中表现出来的'直接统治'的或命令的功能。"——原编者注

一些私人联合的整体。国家是公共的;这些联合是私人的。葛兰西在后者当中列举了教会、学校、政党、工会,等等。

给人留下深刻印象的,是这些联合的私人特性;因而它们不是公共的;因而它们与国家没有任何法权①关系。但同时,葛兰西又把这同一些联合称为"领导权机器(appareils hégémoniques)",重新采用了马克思主义国家理论中机器的说法,以及列宁主义传统中领导权的说法。关于这些"领导权机器"、关于它们的区分、关于它们的结构、关于它们运行的原动力,就没有更多可以告诉我们的了。我们只知道这是一些"机器",但是这个说法——本来是马克思和列宁用来谈论国家的临时"解决办法"——并没有得到解释。我们还知道,它们是"领导权的(hégémoniques)"②,也就是说,在人民群众中产生了一种同意的后果。以一种完全是亚里士多德式的方式,葛兰西通过宣称这些机器是"领导权的",用它们所要达到的目的——同一于它们所产生的后果——来定义它们,否则它们也就不会是其所是了。

当我们说"下雨时,这就是一把伞",会令人发笑。可是当我们说"这是一把伞,用来挡雨"③,却不会令人发笑,这很遗憾,因

---

① 注意 droit 一词在前文中译为"权利"(个别地方译为"法"),下同。——译注

② 形容词 hégémonique 在本书中译为"领导权的"(或省略"的",如在"领导权机器"中)、"有领导权的";而下文用作名词的 l'hégémonique,则译为"有领导权的东西"。——译注

③ 法文的 parapluie(雨伞)一词由 para-(避免、抵挡)和 pluie(雨)两部分构成。因此,说 un parapluie, ça protège de la pluie("这是一把伞,用来挡雨"),等于在说"一个挡雨的东西,用来挡雨"。阿尔都塞借这个文字游戏说

为我们对伞一无所知。然而,在那些领导权机器中具备有领导权的东西(l'hégémonique)的原因何在,这个问题仍然悬而未解——葛兰西从来没有告诉我们。如果我们说:当我们说"是"时,这就是领导权,那么这对我们也没有多大帮助。我们可以因自由的赞同说"是",我们也可以在强迫下说"是"。当卢梭说到盗贼用手枪指着你的鼻子让你说"是"的时候,他就已经知道这一点了。[①]说白了:强力[②]也可以是领导权的手段。而强力可以有许多种行使的方式:要么通过物理的暴力;要么通过它虽然在场却又不实施暴力的威胁(利奥泰的政治[③]:展示强力,以便不必动用强力,而

明,用事物所要达到的目的(或者它们所产生的后果)来定义它们,并没有增进我们对于事物本身的认识。——译注

　① J.-J.卢梭,《社会契约论》,见《著作全集》(*Œuvres complètes*),B.加涅宾(B.Gagnebin)和 M.雷蒙(M.Raymond)编,第 3 卷,巴黎,伽利玛出版社,"七星文库",1964 年,第 355 页。——原编者注

　"你应该服从权力。如果这就是说,应该向强力屈服,那么这条诫命虽然很好,却是多余的;我可以担保它永远都不会被人破坏的。……假如强盗在森林的角落里劫住了我,不仅是由于强力我必得把钱包交出来,而且如果我能藏起钱包来,我在良心上不是也要不得不把它交出来吗?因为毕竟他拿着的手枪也是一种权力啊。那么,就让我们承认:强力并不构成法权,而人们只是对合法的权力才有服从的义务。"卢梭,《社会契约论》,何兆武译,商务印书馆,2003 年,第 9—10 页。译文有修改。——译者

　② force,在这里也可以译为"武力"。参见第 104 页,注释①。——译注

　③ 参见路易·阿尔都塞,《论再生产》,前引,第 230 页,注释㉒。——原编者注

　"利奥泰说镇压的黄金法则是:'展示强力,以便不必动用强力。'我们可以将这个表达改进一下:'不要展示强力,以便不需要动用强力就让它起作用',

非展示强力以便动用它);要么甚至以更微妙的手段,通过它的不
在场(被关在营房里的治安部队,还有朗布依埃林间大树下的那
些坦克①:世人都知道它们的存在,而且它们会出面干预,如
果……于是秩序就通过它们的不在场本身得到维护,正像一个看
不见的、静止的黄金与证券储备,通过它的不在场本身,使资本、
货币与证券市场应有的秩序得到维护)。简言之,当我们说不出
领导权是**怎样**被确保和**怎样**被接受的,我们关于领导权就没有什
么可说的。我们还停留在描述里面。

我之所以要强调这一概念(notion),是因为它将无数次对葛
兰西有用——不是在他的"市民社会"理论中,而是在他的国家理
论中。在这里,出于一个非常简单的理由,事情的确变得十分混
乱:那就是葛兰西作为革命家,深知夺取国家政权是一切革命的首
要问题,他从马克思、列宁以及整个马克思主义传统中学到了这一
点。然而,他所面临的难题是要最终把他的"市民社会"理论——

等等。"见阿尔都塞,《论再生产》,吴子枫译,前引,第 380 页(引文中的"强
力"原译为"武力")。路易·于贝尔·贡扎尔夫·利奥泰(Louis Hubert
Gonzalve Lyautey, 1854—1934),法国政治家、军事家、法兰西学院院士,曾参
与指挥法军征服马达加斯加岛,1912—1916 年任法国殖民地摩洛哥总驻扎
官,第一次世界大战时期任战争部长,后为法军元帅。著有《论军队在殖民地
的作用》(*Du rôle colonial de l'armée*,1900 年)等。——译注

① 参见阿尔都塞在《局限中的马克思》(«Marx dans ses limites»)里类似的
论述,以及:"1968 年 5 月朗布依埃林间树下那些军队的坦克就是这样,它们
通过它们的不在场,在'平复'1968 年巴黎骚乱中起了决定性的作用。"见《哲
学与政治文集》(*Écrits philosophiques et politiques*),第 1 卷,F.马特龙编,巴黎,斯
多克出版社/当代出版纪念研究所,1994 年,第 462 页。——译注

因而还有他特有的发现(即它不是下层建筑,也不只是"需要的[体系]"[黑格尔],或纯粹的经济,而是一些"领导权机器"的整体)——[同]马克思主义关于国家的理论中的主要内容联系起来。

于是,在既忽视下层建筑又忽视生产关系的再生产的同时,他又运用了他的基本方法——对材料的描述——和他的主要哲学前提:一切材料都是历史的,因而一切政治材料也都自带其光芒①。只要作出如实的描述和精心选择的对比就足够了。总之,只要好好看、好好读就足够了。但葛兰西"看到"了什么呢? 他看到——于是在资产阶级的意义上开创了一种名副其实的"政治理论"——一切国家都包括两个"环节(moments)":一方面是强力或强制、或暴力、或专政的环节,另一方面是领导权、同意、赞同的环节。当然,我们在第一个"环节"下可以认识到马克思和列宁所说的镇压性国家机器。但在第二个"环节"下呢?

好吧,葛兰西为我们揭示了隐藏在下面的就是"市民社会"!这很正常,因为它是由那些领导权机器组成的,它的功能是领导权,是获得同意。但也不正常,因为他明确告诉我们:国家的第二个环节区别于国家,因为它是"私人的"。那么我们就难以理解:这个被明确设想为**在国家之外**的东西又怎么能构成国家的第二个"环节"呢? 因而国家会有一个自己的"环节"、一个自己的决定性的功能"在它之外"吗?

国家的一个本质性的环节,第二个环节,具有一种**在国家外部**存在的形式,这让我觉得非常有趣。但那样或许就应该思考这种悖论性的关系,还要给它一个相对正确的概念(concept)。这就

①　参见第68页,注释③。——译注

93

是我自己在提出使用意识形态国家机器①这个提法的时候,试图
做的事情。这个提法有双重好处:一方面,它了结了"在国家之
内/在国家之外"的矛盾;而另一方面,它将对领导权机器的运行
方式——**意识形态**——的明确指认写进其概念,结果这也迫使我
们开始思考各种意识形态的物质性。②

但很显然,葛兰西丝毫不愿意正视自己的矛盾。相反,他宁
愿让矛盾保持原有状态。这不仅是因为他满足于描述自己所看
到的事情,而不是继续思考它——至少他在碰到这个矛盾的时候
就放弃了对它的思考——,而且因为他**需要这个矛盾**。正如我们
即将看到的那样,由于一些政治上的理由,他需要这个矛盾。

所以要暂时把这个矛盾放进括号里,跟随葛兰西一起来反思
他的那些描述。因为只说出国家有两个环节——强力的环节和
领导权的环节,是极其贫乏的。如何让这个思想变得丰富起来
呢?我们可以想象葛兰西至少会着手对这两个"环节"中的每一
个进行分析,他会让我们对国家有新的发现。不。一个字也没有
多说。一切可说的新的和重要的事情,关于"市民社会"都说过
了。我们将一无所得。

或者不如说:我们将得知某种想象中的变异(每次都与一些
经验历史材料相对应),以便看到在国家的两个"环节"之间究竟
存在着什么样的关系。因为对任何人都"一目了然"的是,按照强

---

① 参见路易·阿尔都塞,《论再生产》,前引,第110页[译者按:原为"第
272页",据法文版编者提供的勘误表改正]、第274页以下。——原编者注

② 参见《意识形态和意识形态国家机器(研究笔记)》,见阿尔都塞,《论
再生产》,吴子枫译,前引,第435—501页。——译注

力和领导权两者的"配量"（我提醒一下，我们还是不知道这个领导权是怎样行使的），我们将面对国家的不同类型。我马上就可以给出变异范围的两个极端：在一个极端，我们将看到这样一个国家，强力以压倒性的方式占上风，而领导权几乎不存在，例如沙皇俄国，在那里强力是压倒性的，而"市民社会是……冻结的"；在另一个极端，强力尽可能地缩小而领导权尽可能地放大，例如……没错，就是我们那著名的、完全平衡的伦理国家，葛兰西给它——或它的相似物——找到了亚里士多德式的一类绝妙提法："一种适度的平衡"……

　　然而，葛兰西并没有摆脱马克思和列宁，以及在他自己的思想中去思考他们的思想的困难。因为他深知国家也是统治阶级手中的一个"工具"（他不太喜欢这个词），因而知道在对强力和领导权两者可变剂量的这种描述背后，存在另一个更严肃的问题：以国家的手段来行使的阶级统治的问题——在马克思主义传统中，这种阶级统治就叫作阶级专政（dictature de classe）。这意味着国家与这种阶级统治或专政相比是第二位的（应当明确的是，阶级专政绝不是指政治形式①——政治形式是可变的，可以从政治独裁［dictature politique］②转变到议会民主或大众民主——而是指统治阶级的一些统治形式的整体：包括经济的、政治的和意识形态的统治形式）。这一点又不可避免地会给葛兰西提出一个非常严肃的难题：如何用他宁愿把自己限制在其中的那些概

96

―――――――――――

　　① 政治形式（les formes politiques，句中用复数），即政体。——译注
　　② 作者明确区分了 dictature 作为阶级统治和作为政体形式的不同意义，在汉语中，这两种意义可分别译为"专政"和"独裁"。——译注

念——他自己的概念,找到一种办法,去思考就其整体而言的阶级统治对于它的典型手段——即国家——的这种优先性?

　　在这个决定性的环节上,葛兰西拒不使用阶级专政甚至阶级统治这些词。他宁愿固守在他自己仅有的概念上:强力和领导权。他要怎么办呢? 他要让领导权概念过度"膨胀",为的是让它实际上扮演统治阶级①或阶级专政概念的置换物的角色。不得不说这是一个词语上和理论上的壮举! 因为领导权已被他毫不含糊地定位在构成市民社会的那些"领导权机器"当中了。即便我们不知道领导权如何产生,我们至少也知道它属于哪个"私人的"和有限的领域。现在的情况是,它不仅仅依附于国家,同时留在其外部,而且它最终将吞并**整个国家**。而为了成为马克思列宁主义者,葛兰西最终将**思考作为领导权的国家**,或者更确切地说,作为一种——本身包含着国家、统治着国家的——领导权的现象的国家;但在所有这些"分析"里,国家从来没有成为一个阶级统治和阶级专政的问题。

　　我们并没有摆脱领导权。因为,作为马克思列宁主义者,葛兰西虽然对此谈得不多,但他仍然知道阶级斗争的存在,也知道它的赌注便是国家。但是,既然葛兰西最终思考的是作为领导权的国家(而我们明显感觉到在这个比单独的国家更高的领导权背后有一个阶级),他又怎么能想象以国家为赌注的阶级斗争呢? 他找到了一个提法:他不说争夺领导权的斗争(lutte pour l'hégémonie②),而是

97

———————————

　　① 原文如此,参照上下文,疑为"阶级统治"笔误。——译注

　　② 直译为"为了领导权的斗争"。注意这里的 hégémonie(领导权)是单数,意味着只有一个领导权作为斗争的目标;而在葛兰西使用的"领导权斗争(lutte d'hégémonies)"的提法中,"领导权"则是复数。——译注

用"领导权斗争(lutte d'hégémonies)"①这个词,仿佛阶级斗争也不是一场强力对强力的斗争,尤其是,仿佛事情发生在一些"领导权"之间,仿佛一些被统治阶级的"领导权"真的可以同统治阶级的"领导权"作"斗争"。

整个这番推理在葛兰西那里受到很有意识的引导,其中"一目了然"的事情是,在词语、概念的——因而也在思想的——层面上,我们目睹了一种名副其实的置换操作,而葛兰西对这一套驾轻就熟。我们从强力-领导权的区分出发,结果呢,强力消失了。领导权的说法**在这种情况下**无疑取代了阶级统治或专政的概念,但我们再一次面对一种经验材料:就是这样,阶级统治在一些显然带有强力的形式下得以行使,但强力被吸收进了领导权,也就是被吸收进了为统治阶级所获得的同意,就像治安警察被吸收进他的职能(管理交通)和(他所管理的)交通中那样。总之,在一个管理良好的国家,有强力,但它是世人的一部分,而且是不被人注意的。

98

人们会记得,我曾考虑到这种情况——看不见的强力,而它并不出面干预——我想说:这正是由于它的不在场(或者你想这么说也行:由于它几乎溶解在人民当中了)。具体说来,许多意识形态机器的情况就是如此,它们需要一种看不见的强力才能发挥这样的功能,**只有看不见的强力的存在**,才使那些看得见的、完全令人愉悦的后果成为可能(看看"温和精神病学"、教育之类的情况吧)。

但如果这时我们要问自己,一旦达到了国家这个说法,还剩

---

① 《狱中札记》,第 3 卷,前引,第 11 笔记本,第 27 节,第 232 页;第 10 笔记本,第 1 部分,第 13 节,第 42 页。——原编者注

下什么呢？我们就会发觉，葛兰西之所以对意识形态的事情所言甚少，对"领导权机器"产生领导权后果的原因保持沉默，并不是一件偶然的事。与人们可能认为的相反，这个最终概括了整个国家的"领导权"，与意识形态毫不相干。这个领导权，并不是那些观念和价值把自己强加给所有人并得到所有人的接受，从而占据了和平而普遍的支配地位。不。这个领导权，在葛兰西用这个自己从来没有定义过的说法所表达的意义上，彻头彻尾是**政治的**。这种政治既是所有人的"实际经验(vécu)"，又是一个事实，即：这种"实际经验"构成他们的本质，他们的**能动性**的本质；而我们记得能动性是一切哲学的本质(我还要提醒一下，一切都是哲学)。这种政治同时是——这第二个规定又是第一个规定的原因——"指挥部里的政治"，首先是在那些搞政治的人的意识中；搞政治的人，在不同的程度上也就是所有人。问题仍然在于葛兰西意义上的政治，即一种经验主义意义上的政治，这一点对于理解它的命运是首要的。但这种思想又确实来自这样一个政治家和马克思主义者——他很清楚地知道，一个美好的伦理统一体不会自行产生，它必须在一个长期斗争(政治能动性)进程的尽头①才能产生，而党对这个进程的干预是必不可少的；他很清楚地知道，那些意识形态的价值并不是历史的原动力②，它们只能通过"政治"把自己强加给"管理良好的国家"里的人们。

那么随之而来的问题是：这个最终结果是如此符合经典传

---

① 据法文版编者提供的勘误表，原文 en termes de(用……的说法)系误植，当为 au terme de(到……的终点、在……的尽头)。——译注

② 参见第7页，注释①。——译注

统,同马克思和列宁相比,并没有给我们带来任何新东西,而且终
究是很贫乏的;为什么需要从一套跟马克思和列宁无关的思想和
概念体系里推导出这个结果呢?为什么需要经历它的所有"发
现",而这些"发现"又随着我们逐一发现它们并继续前进的过程
而自我取消?为什么需要经历所有这些在领导权上表现的特技
来得到一些如此简单、如此众所周知的结果呢?理由在别处。

　　又一次在领导权(它的第三种意义)当中!因为葛兰西是第
一个强有力地对被统治阶级强调在夺取政权之前确保其"领导
权"的必要性的马克思主义理论家。所有马克思主义经典作家都
明确无误地说明了两件事:一、工人阶级的先锋队应当最大限度
地扩展其影响力,不仅要在工人阶级中间,而且要在小资产阶级
和知识分子当中,"用它的观念"争取最大数量的追随者;二、工人
阶级的党应当对周围的群众组织扩展其影响力——其"领导权",
并且与他们缔结同盟,这些同盟对于夺取政权来说是必不可少
的,否则,无产阶级的歌声就有可能只是一种"孤鸿哀鸣"①。葛
兰西赞同这两个论点,但他补充了第三点:工人阶级"在夺取政权
之前",就应当成为整个社会中有领导权的阶级。

　　那么"领导权"究竟意味着什么呢?作为优秀的马克思主义
政治家,葛兰西的回答是明确的:重要的不仅是把党的观念的影

---

　　① 原文为"solo funèbre"(直译:"葬礼上的独唱"),语出马克思《路易·波
拿巴的雾月十八日》1852 年版中的一段话(后删去):"……那时建立在这种小
块土地上面的全部国家建筑物,都将会倒塌下来,于是**无产阶级革命就会得到
一种合唱,若没有这种合唱,它在一切农民国度中的独唱是不免要变成孤鸿哀
鸣的**。"见《马克思恩格斯选集》,第 1 卷,前引,第 684 页,注释①。——译注

响力和受众群扩展到整个社会,使之在成为社会主义社会之前,就能奇迹般地变成马克思主义的;重要的也不再是占领国家,因为我们只是在为征服它作准备;重要的是占领市民社会中的那些权力中心,重要的是占领市民社会本身。

101   这只能从市民社会相对于国家的地位上来理解。因为,按照葛兰西的说法①,我们可以把国家的两个"环节"的配置按照一个空间隐喻来想象:国家位于中心,如同一座内堡或堡垒,火力②在墙内或墙后;而在国家堡垒的四周,在广阔的农村,伸展着一个由堑壕和掩体组成的深远的网络——这个网络就是市民社会。我们可以理解,当国家只是强力时,这个网络是"冻结的",这时,夺取它的唯一方式就是正面进攻——攻打冬宫。但我们"看到",在我们这些国家,这个网络密集而深远。好吧,必须一步一步、一个堑壕一个堑壕地占领这个网络,进而夺取整个市民社会。这时国家将毫无防备,我们便可以进入其内部。

    我们在这里看到了葛兰西③思想的根本:这是一种**战略**,正如我们的意大利朋友喜欢说的,一种替代性的战略,为的是在拥有

①《狱中札记》,第2卷,前引,第7笔记本,第16节,第183页。——原编者注

② force,或译"兵力""武力",本书一般译为"强力"。参见第104页,注释①。——译注

③ "现代民主制的坚实结构,无论是作为国家组织,还是作为市民生活中的各种联合的整体,就政治艺术而言,都构成了相当于阵地战前线的堑壕和永久防御工事的东西:先前运动就是'全部的'战争,等等,而现在被它们降低为只是'局部的'要素。"(《狱中札记》,第2卷,前引,第13笔记本,第7节,第364页。)——原编者注

强大的掩体网络——也就是强大的市民社会——的"发达"资本
主义国家中夺取政权。这就是"阵地战"。这种深受葛兰西影响
的"阵地战"战略,如今启迪了所有打着"欧洲共产主义"旗号的
共产党——保尔·洛朗在他发表在[1978 年 5 月 13 日]《人道
报》上的文章①里,公开为这个旗号辩护。我们可以理解这一战略
何以值得关注,以及"反思"②。

102

————————————

① 《路易·阿尔都塞的重大话题》,见《人道报》,1978 年 5 月 13 日,第 1
页。打字文稿里有一处空白取代日期。在这篇文章中,法共书记处成员洛朗
(Paul Laurent)把阿尔都塞批评党的领导层、组织和运行方式以及政治路线的
一次访谈(«Al "punto zero" della teoria : Louis Althusser ha avviato nel Pcf un
severo dibattito autocritico sulle ragioni della sconfitta elettorale» [《在理论的"零
点":路易·阿尔都塞在法共党内就选举失败原因发起一场重大的自我批评
辩论》。译者按:原文为意大利文],G. 凡迪[G.Fanti]采访,见 *Paese sera*[《国
家晚报》],1978 年 5 月 6 日,第 5 页)作为直接靶子,激烈指责了阿尔都塞。
"路易·阿尔都塞的攻击[……]将由共产党人作出恰如其分的判断。这就
是他们之所以会采取行动,重振他们那些彻底失败的事业的原因。"另见第
113 页,注释②[译者按:即本书第 110 页,注释②]。——原编者注

② 影射法共领导层成员夏尔·菲特曼(Charles Fiterman)评论一篇提及阿
尔都塞对 1976 年 2 月党的二十二大放弃无产阶级专政概念所作批评的报刊文
章时所说的话:"显然,从吉斯卡尔·德斯坦(Giscard d'Estaing)[译者按:时任
法国总统]到 R. 加罗蒂(R.Garaudy),中间还有《世界报》,一条由无产阶级专
政捍卫者组成的奇怪阵线正在形成。少数几个死抠文本却忽视马克思主义活
的灵魂的同志,并不是我们的对手五十年来梦寐以求的春天——一个还没有
也永远不会到来的春天——的燕子。这些同志将会反思,我们也会帮助他们
这么做。"(《关于〈世界报〉上的一篇文章。夏尔·菲特曼:没有什么可以使我
们放下自己的战斗》,见《人道报》,1976 年 4 月 26 日,第 5 页。)——原编者注

我自己要作出的是以下的提醒。

当葛兰西谈论"市民社会"时,他实际上以两种方式定义了它。为了给他的思想提供在难题性上始终保持一致性的机会,我没有指出第二种方式。但葛兰西并没有把市民社会的定义限制在那些"领导权机器"的整体上。因为,如果我们去掉国家,如果我们再去掉那些领导权机器,就什么也不剩下了吗? 剩下的正是下层建筑,而葛兰西在这方面三缄其口;或者,如果我们愿意这么说的话,剩下的是经济活动,或各种各样的企业,以及消费和家庭生活。这些"组织",它们也是市民社会的一部分吗? 葛兰西没这么说。我们不得已可以这么说,说企业、家庭等是"一些领导权机器"。葛兰西的确模糊地意识到这不大说得通:家庭还可以(我自己也这么说过①),但是在企业中,即便有领导权存在,也还是会发生一件我们同样应当考虑到的小事:**剩余价值的榨取**。葛兰西关于下层建筑所知道的事情,足以使他不去谈论它,以免把它纳入市民社会。因此,在葛兰西的体系里有一个巨大的空白:一切与生产关系、与剥削有关的东西,以及一切构成它们的物质条件的东西——资本、帝国主义(葛兰西对此只字未提)、劳动力、劳动力的再生产,等等。当葛兰西在广义上——因而在古典意义上(一切非国家的领域),因而也在资产阶级的意义上——提及"市民社会"时,他满足于说出这

---

① 《论再生产》,前引,第 275,285,302 页。——原编者注

有关"家庭的 AIE [意识形态国家机器]",以及"家庭除了作为 AIE 外,当然还有其他的'功能'。它干预劳动力的再生产。在不同的生产方式中,它是生产单位和/或消费单位",见阿尔都塞,《论再生产》,吴子枫译,前引,第455,462,465,468—469,490—491,495 页。——译注

个词,因为他出于推理上的必要性,顺便也需要它;但他**从未进入**这个巨大的空白地带的现实、细节、机制和("归根到底起决定作用的"①)作用。

————————

① "归根到底起决定作用的(déterminant en dernière instance)",语出恩格斯:"……根据唯物史观,历史过程中的决定性因素**归根到底**是现实生活的生产和再生产。无论马克思或我都从来没有肯定过比这更多的东西。如果有人在这里加以歪曲,说经济因素是**唯一**决定性的因素,那么他就是把这个命题变成毫无内容的、抽象的、荒诞无稽的空话。"见 1890 年 9 月 21 日致约·布洛赫的信,《马克思恩格斯选集》第 4 卷,人民出版社,1995 年,第 695—696 页。又:"我们把经济条件看作归根到底制约着历史发展的东西。"见 1894 年 1 月 25 日致瓦·博尔吉乌斯的信,同上,第 732 页。阿尔都塞关于这个"论点"的集中论述,可参见《在哲学中成为马克思主义者容易吗?》(《亚眠答辩》),见《哲学与政治:阿尔都塞读本》,陈越编,前引,第 183—197 页。instance 在本书其他地方译为"层级",而"归根到底(en dernière instance)"也就是"在最终层级上"的意思。——译注

三

葛兰西还是马基雅维利？

Gramsci ou Machiavel?

正是在这里，葛兰西①对马基雅维利确乎无条件的赞美才获 105
得了全部意义。② 因为，马基雅维利做了什么呢？他绝对是第一
个谈论了阶级斗争，谈论了勤劳的资产者对懒惰的、放高利贷的
贵族的阶级统治的人。他表明**生产性的**资产阶级的阶级统治只
能通过一种确定的政治形式——"独自一人"③的绝对君主制这
种政治形式——来确保，后者不是依靠贵族，而是依靠资产阶级，

———————

① 《狱中札记》，第 3 卷，前引，第 13 笔记本，第 20—21 节，第 395—399
页，特别是第 397—398 页。——原编者注

② 阿尔都塞有关马基雅维利的论述，另可参考他的《马基雅维利的孤
独》(作为附录收入葛兰西，《现代君主论》，陈越译，上海人民出版社，2006
年)、《马基雅维利和我们》(见《哲学与政治：阿尔都塞读本》，陈越编，前引)，
以及《政治与历史：从马基雅维利到马克思(1955—1972 年高等师范学校讲
义)》(吴子枫译，西北大学出版社，2018 年)中的"马基雅维利"部分。——
译注

③ 马基雅维利，《论提图斯−李维的前十书》(*Discours sur la première décade
de Tite-Live*[译者按：或译《论李维》《李维史论》])，A.佩利西埃(A.Péllissier)
编，T.吉罗德(T. Guiraudet)译，巴黎，弗拉马里翁出版社，"田野"丛书
(《Champs》)，第 57 页以下。——原编者注

参见马基雅维利，《李维史论》，第 1 卷，第 9 章"一个人如果想要组建一
个新的共和国或者要在一个共和国鼎新革故，必须独自一人担当"。本书《李
维史论》引文主要参考薛军译本(《君主论・李维史论》，吉林出版集团，2011
年)，并略有修改。——译注

来创立一个民族国家，并且，既通过德性（vertu）也通过诡计，通过
这种使（道德）德性服从于诡计和伪装（甚至背信弃义和残酷行径
这些最恶劣手段）①的能力来统治人民——这种能力在他那里有
一个独一无二的、难以翻译的名称，叫作"virtù"②。一切都已出现
在马基雅维利的著作里——国家理论，国家的两个环节，"野兽"
（强力）和人（同意），③尽管在他那里比在葛兰西那里还有更多的
东西。因为在他那里，野兽**一分为二**，既是狮子（野兽般的强力）
又是狐狸（诡计和伪装），④而最终，狐狸无非是 virtù，或是根据形势

---

① 马基雅维利，《君主论》（*Le Prince*），M.加耶－尼科迪莫夫（M.Gaille-
Nikodimov）编译，巴黎，袖珍书出版社（Le Livre de poche），"哲学经典"丛书
（《Classiques de la philosophie》），1998 年，第 92 页以下，第 123 页以下。——
原编者注

参见马基雅维利，《君主论》，第 8 章"论以邪恶之道获得君权的人们"、
第 17 章"论残酷与仁慈，被人爱戴是否比被人畏惧来得好些"、第 18 章"论君
主应当怎样守信"等。本书《君主论》引文主要参考潘汉典译本（《君主论》，
商务印书馆，1985 年），并略有修改。——译注

② 意大利文，对应于法文的 vertu 和英文的 virtue，一般译为"德性"。但
在文艺复兴时期的意大利语中，尤其是在马基雅维利那里，virtù 不限于"道德
德性"的意义，而是涵盖各种肉体和精神的力量（《君主论》潘汉典译本译为
"能力"）。本书遵循作者保留意大利文的做法，不加翻译。——译注

③ 马基雅维利，《君主论》，前引，第 127 页。——原编者注

参见《君主论》，第 18 章"论君主应当怎样守信"。——译注

④ 同上，第 128 页，第 138 页以下。——原编者注

参见《君主论》，第 18 章"论君主应当怎样守信"、第 19 章"论应该避免
受到蔑视与憎恨"。——译注

（"机遇"，它可能有也可能没有"运气"①）的要求而随心所欲使用强力和同意（领导权）的能力。② 但这还不够，因为这种使用诡计的能力（capacité）最终可以归纳为③伪装的本领（pouvoir）、假装（在没有德性的时候显出有德性，尤其是——这要困难得多——在有德性的时候也显出有德性）的力量（puissance）。④

---

① 在马基雅维利那里与 virtù 相对的 fortuna（阿尔都塞使用的是法文fortune），在《君主论》潘汉典译本中大多译为"幸运"，但也有一些地方（如献词和第 25 章）译为"命运"，本书统一为"运气"，为的是能够兼顾这两种意思。此处的原文是 qui peut être ou non «fortune»（"它可能是也可能不是'运气'"），参考本书第 117 页的类似说法（"……如果这个机遇是'运气好的[fortunée]'，即有利的，那么这种本能就会激励他去做那些为了抓住这个机遇而必须做的事情['把握运气如同占有一个女人']"），这里的"运气"作为积极占有/把握的对象，显然指"幸运"或"好运气"，故译为"有'运气'"。——译注

② 马基雅维利，《君主论》，前引，第 77—80 页。——原编者注

参见《君主论》，第 6 章"论依靠自己的武力和能力获得的新君主国"。——译注

③ réduire…à 在本书其他大多数地方译为"把……简化为"，se réduire à 则译为"简化为"。——译注

④ 马基雅维利，《君主论》，前引，第 129 页以下。——原编者注

参见《君主论》，第 18 章"论君主应当怎样守信"。这句话里先后使用了capacité、pouvoir 和 puissance 三个词，其中 capacité 主要指"能力"，后两者除了有"能力"或"本领"的意思外，更多用于指"力量"或"权力"（参见本书"关键词对照表"）。马基雅维利要求君主不论是否有德性都要显出有德性的样子，阿尔都塞指出：和没有德性的人相比，有德性的人"假装……显出有德性"，本身是与德性相矛盾的，因而也是"困难得多"的事，更需要"能力"或"力量"才能做到——这正是 virtù 这个词所涵盖的意义。——译注

由此,马基雅维利比葛兰西走得远得多,他表明意识形态(首先是对"君主的形象"的意识形态表述①,在那里,这种形象被统一为由君主所"表述"②的国家意识形态,正如我们看到的,君主被他的威望和严格说来是他的"意象"的光辉所笼罩,而他的"意象"显然超出了我们可以从无非在那里服务于这种"意象"的他的特征、仪表和举止中观察到的一切③)对于一切国家政权都是构成性的,哪怕那是以宗教的形式:这种形式对于创造最好的同意——它无论如何都最适合于维持军队的团结一致,④乃至一国人民的团结一致——来说是必需的。因为宗教以**军事融合**⑤的形式产生了最稳固不变因而最好、**最可靠**的人民群众同意的形式。

---

① représentation("表述"),参见《意识形态和意识形态国家机器(研究笔记)》:"意识形态是对个人与其实在生存条件的想象关系的'表述'。"见阿尔都塞,《论再生产》,吴子枫译,前引,第 474 页。——译注

② représenté,参见前注,在这里也可以译为"代表"。——译注

③ 马基雅维利,《君主论》,前引,120 页,第 129 页以下,第 149 页以下。——原编者注

参见《君主论》,第 18 章"论君主应当怎样守信"、第 19 章"论应该避免受到蔑视与憎恨"、第 21 章"君主为了受人尊敬应当怎样为人"。——译注

④ 马基雅维利,《论提图斯-李维的前十书》,第 63 页以下,第 66 页以下。——原编者注

参见《李维史论》,第 1 卷,第 11 章"关于罗马人的宗教"、第 14 章"罗马人根据必然性来解释征兆,并且当他们被迫违背宗教时也精明地装出遵守它的样子;如果任何人鲁莽地蔑视它,罗马人会惩罚他"、第 15 章"萨姆尼人,作为对付其困境的非常手段,求助于宗教";第 3 卷,第 33 章"为了打赢战役,必须使军队有信心,既要在军队内部有信心,也要对将领有信心"。——译注

⑤ amalgame,原指汞溶解其他金属后形成的汞合金。——译注

这种融合,通过动员所有老百姓参军,并赋予(普通人——首先是农民——组成的)步兵优先于骑兵(拥有马匹的贵族组成的传统部队)的地位,不仅成为一个军事原则,而且成为一种在公民-士兵当中产生意识形态转变后果的手段,一所名副其实的政治学校,能够在实践中教给他们那种获得同意的纪律的统一性,并恰如其分地对待马背上的贵族,把他们当作外援,而不是真正的士兵——作为生产者的公民——的首领。①

我们看到,曾经赞扬了马基雅维利的葛兰西,跟他的老师相比起来②是多么贫乏啊。因为葛兰西从来没有像马基雅维利那样坚持国家中强力的"环节"(军队)相对于"领导权"的首要地位。在马基雅维利那里明确提出的强力,之所以会出现在葛兰西那里,只是为了给它在作为领导权的国家概念中的完全消失做准备。而当葛兰西引用强力时,他从来只是把它视为野兽般的、赤

① 马基雅维利,《论提图斯-李维的前十书》,前引,第 201 页以下;《君主论》,前引,第 111 页以下;《战争的艺术》,G.吉罗德(G.Guiraudet)译,E.巴林库(E.Balincou)校,见马基雅维利,《著作全集》(Œuvres complètes),E.巴林库编,巴黎,伽利玛出版社,"七星文库",1952 年,第 735—754 页。——原编者注

参见《李维史论》,第 2 卷,第 30 章"真正强大的共和国和君主不靠金钱购买友谊,而是以能力(virtù)和他们通过实力取得的威望获得友谊";《君主论》,第 13 章"论援军、混合军和本国的军队";《战争的艺术》,第 1 卷。——译注

② 原文为 au regard de("从……方面看"),据此这里可译为"从他老师的方面看……"但由法文版编者 G. M.戈什加林本人翻译的英译本将此处译为 in comparison with("跟……相比"),所以我们怀疑 au regard dc 可能是 en regard de("跟……相比")的误植。鉴于英译本对法文版误植有修正,中译也作相应调整。——译注

108 　裸裸的力量①（马基雅维利的"狮子"形象，只有肌肉，头脑空空如
也）。葛兰西从来没有想到过，强力可以是作为生产者的、丰产的
力量②，而且适合于进入一种战略，在那里，它可以产生一些领导
权方面的后果（通过军队中的融合对公民进行政治教育）。葛兰
西从来没有想到过，野兽可以是不同于强力（狮子）的东西——诡
计（狐狸），这种独特的野兽远比"人"（他代表了对道德德性和善
的承认）更聪明，因为它的全部理性就在于**伪装**的本领③。而且葛
兰西从来没有意识到那种伪装与国家是一体的，或者不如说，与
*君主*的政治战略④是一体的，它的首要后果就是产生这种表述，这
种供人民使用的*君主*的"意象"。没有这种"意象"就没有国家政
权，因为这个政权要存在，就应当得到人民承认。而人民只有在
国家政权中——也正是在*君主*由以成为不容置疑的国家元首的
意识形态"意象"中——承认⑤自己，才能承认这个政权。

---

　① force 在本书中大多译为"强力"（在马基雅维利和葛兰西赋予的意义
上，与"同意"或领导权相对），少数译为"力量"（在更宽泛的意义上）。本句
中"野兽般的、赤裸裸的力量"用于解释和限定（葛兰西理解的）"强力"，所以
两个 force 分别使用"强力""力量"两种译法。——译注

　② 原文无"力量"，为译者所补足，以求汉语表达更晓畅。参见上一条译
注。——译注

　③ 参见第 101 页，注释④。——译注

　④ 这里的 stratégie 译作"谋略"可能更符合马基雅维利的语境，但阿尔都
塞在本书中赋予该词以一种严肃的阶级政治意涵，所以统一译为"战略"（只
在一处为了表明"玩票者"与"工人运动"的对比，译为"攻略"，参见第 128
页）。——译注

　⑤ 或译"认出"，参见第 23 页，注释③。——译注

由此，马基雅维利回答了葛兰西在一个问题上面的沉默：到底是什么可以让那些"领导权机器"运转起来呢？他回答了葛兰西在考虑**意识形态**的主要功能即政治功能方面的完全沉默。由此，马基雅维利不仅进入了意识形态理论，还承认了一种国家意识形态的有机必要性——以便国家能够行使其领导权，因而承认了这样的事实：领导权正是通过意识形态发挥了功能，而用领导权在领导权方面的后果来定义领导权是不够的（这是一个同义反复），还要用领导权的"原动力"——**与国家有机联系在一起的意识形态**——来定义它。

由此，马基雅维利带我们走向了一个类似于意识形态国家机器的概念，这样的概念对于理解国家的整个一方面的运行、理解意识形态的政治地位因而也是物质地位，是必不可少的。而当涉及意识形态的时候，马基雅维利——他当然没有使用这个说法——既不满足于这个词（或它的同义词），也不满足于像葛兰西一直在做的那样，**描述**这个词所指的事情：他实际上进入了具体的研究，后者通向一门可能的关于各种意识形态的理论。他不仅通过他关于伪装的条件和形式的理论进入这项研究——伪装产生了关于**君主**"意象"的意识形态——而且尤其还[通过]他关于强力的理论进入这项研究，因为这样的强力适合于产生一些远非暴力后果的意识形态后果，它们不仅是同意的后果，而且是在所有公民——作为集合到军队里的人民——身上造成的意识形态转变的后果，而军队里那些骑在马背上的贵族则被降低到了第二位。

福柯说得很好，强力①可以是生产性的。在这一点上，并且为了不迷失在所有狮子都是灰色的②一般性③里而作进一步研究，他或许有兴趣再读一读马基雅维利——无论如何，强力可以在意识形态方面是生产性的，这件事与任何关于各种意识形态的理论都有直接的关系。因为这极好地说出了五百多年后以及距马克思一百年后我们试图重新说出的话，即如果不考虑意识形态并不是"一些观念"，而是某种物质性——一些使意识形态得以实现的"机器"的物质性，我们就绝不可能有望去开启一门关于各种意识形态的理论。一旦我们用到了物质性和机器这些词，那么很显然，我们也就要像马基雅维利那样用到强力这个词。

当然，这种强力不是狮子的强力，而是狐狸的强力。而狐狸的强力就在于它知道如何恰如其分地利用狮子的强力，从而要么

———————————

① force 在福柯那里可译为"力量"，此处考虑与马基雅维利–葛兰西的语境一致，也译为"强力"。——译注

② 阿尔都塞在这里用马基雅维利的"狮子"隐喻改写了谚语"在夜里，所有猫都是灰色的"。黑格尔用过这个谚语的另一版本："它宣称它的绝对者是一个黑夜，在其中，就像人们惯常说的那样，所有母牛都是黑的。这样一种知识是缺乏认识的幼稚表现。"见黑格尔，《精神现象学》，先刚译，人民出版社，2013 年，第 10 页。这个说法也经常被阿尔都塞引用，并成为其手稿《黑母牛：想象的访谈（二十二大的缺憾）》（前引）书名的来源。——译注

③ généralité（"一般性"）这个概念在阿尔都塞那里具有的特殊意义，特别是关于三个"一般性"的论点，参见《关于唯物辩证法》，见《保卫马克思》，前引，第 175 页以下。——译注

产生物理暴力的后果，要么产生伪装的后果（表述的后果——正如克洛德·勒福尔[Claude Lefort]①正确地指出的——而我会称之为意识形态的后果；这里没有必要争论这些词，我们彼此一致）。马基雅维利把国家政权的这种双重能力当作一面是狮子形象、另一面是狐狸形象的"野兽"来思考，这在理论上具有至高无上的重要性。他这样把这些政治能力排除在个人–君主的全部主体性之外，把它们当作狮子和狐狸这样的非心理学概念来思考，实际上，他完全撇开自己满怀希望呼唤其创立意大利民族国家的个人–君主不谈，而这种撇开/抽象（abstraction）②是后者降临的政治条件的一部分（必须是——而非可能是——某个无名之辈，从意大利谁也不知道的哪个角落突然出现，而且没有任何可以优先考虑的政治头衔——这意味着，要创立民族国家，绝对没有任何一个现有的君主或者政体尤其是共和国可以指望，因为它们都属于应该推翻的封建的旧世界，应该**摧毁**其中的**那些国家形式**，创立一个新君主下的新国家）：这些都充分证明[马基雅维利]是作为政治家和唯物主义者在思考，并且他知道——他在"人文主义"的统治下思考，却又与之根本对立——政治不是个

111

---

① 《著述工作：马基雅维利》（*Le Travail de l'œuvre：Machiavel*, 1972），巴黎，伽利玛出版社，«Tel»丛书，1986 年，第 725 页以下。——原编者注

"在以这篇文章开始这大胆的冒险之前，我要向三四年前出版的关于马基雅维利的一部著作致以它应得的敬意，这便是克洛德·勒福尔的《著述工作》……"参见《马基雅维利和我们》，见《哲学与政治：阿尔都塞读本》，陈越编，前引，第 376—377 页。译文有修改。——译注

② "撇开……不谈（faire abstraction de）"直译为"对……加以抽象"，所以这里的 abstraction 译为"撇开/抽象"这种形式。——译注

人的事情,而是关乎战略、路线以及适合于实现这一战略的手段。

尽管一切表象都给肤浅而功利的读者强加了这个个人作为君主的稳固不变的在场、他的德性和恶行,但马基雅维利知道并且指出,如果国家政权的形式应当呈现为一个个人的形式,那么这是因为政治条件要求这种国家形式,把它当作摧毁封建国家这个难题的唯一可能的解决办法。况且,这个个人-君主(individu-Prince)几乎说不上是"一个人(un homme)",以至于马基雅维利将一个个人(un individu)变成君主称为"奇遇",①也就是说,他不再是一个人,而是要变成这种闻所未闻的性质:人-狮子-狐狸,这种三位一体或地形学;它没有中心,没有"自我"来统一这三个"环节"、三个"层级";他绝不是"人(homme)",即道德主体;他只需要表现得像"人"(而如果他也是"人",那就太好了,但也很危险,因为很大的困难在于,同一个"人",一旦情况需要,完全应当能够不再是"人",应当在必须强硬的时候"知道怎样做不好的事",并且把一切道德德性视如敝屣)。②

---

① "[……]由布衣一跃而为君主[……]"[译者按:用潘汉典译文],马基雅维利,《君主论》,前引,第 76 页(«[...] questo evento di diventare di privato principe [...]»)。——原编者注

参见《君主论》,第 6 章"论依靠自己的武力或能力获得的新君主国"。——译注

② 马基雅维利,《君主论》,前引,第 119—120,137 页。——原编者注

参见《君主论》,第 15 章"论世人特别是君主受到赞扬或者受到责难的原因"、第 19 章"论应该避免受到蔑视与憎恨"。——译注

　　不，君主不是一个将成为人类**主体**的个人，能够凭天性①或理性而有德性或恶行。君主是一个没有中心主体的层级体系，没有这种在他身上可以把他的各种客观功能综合起来的主体②统一性。而由于君主无非是这一层级体系在战略上的使用，是这些层级在战略上的实施，所以我们同样可以说：君主是一种政治战略，并因此是一个"没有主体的过程（procès sans sujet）"③。因为他只是在自身所是的战略中，代表着生产性的资产阶级反对——必须被摧毁并由一个新国家取而代之的——封建国家的斗争的战略。

　　就此而言，我们仍然是在谈论意识形态。因为这一战略，只有当生产性的人民在它里面承认④自己、承认这就是**他们自己的**

---

　　① nature 兼有"自然"和"性质""天性"之意，"凭天性（par nature）"也可以译为"凭自然"或"天生"。——译注

　　② 与"主体（sujet）""主体性（subjectivité）"相一致，本书将 subjective 统一译为"主体（的）"。但在本句中，考虑到与 objectives（"客观［的］"）的对应关系，此处 subjective 也可以译成"主观（的）"。——译注

　　③ 路易·阿尔都塞，《列宁在黑格尔面前》（«Lénine devant Hegel»），见《列宁和哲学（附：马克思与列宁在黑格尔面前）》（*Lénine et la philosophie* suivi *de Marx et Lénine devant Hegel*），巴黎，马斯佩罗出版社，"理论"丛书，1972 年，第 86 页以下；《答约翰·刘易斯》，前引，第 31 页以下，第 69 页以下。——原编者注

　　阿尔都塞在上述文本中提出的"历史是一个没有主体和目的的过程"，尤其可以参考《答约翰·刘易斯》所附《对"没有主体和目的的过程"这一范畴的说明》一义，见《自我批评论文集》，杜章智、沈起予译，前引，第 113 页以下。标题译法有修改。——译注

　　④ 或译"认出"，参见第 23 页，注释③。——译注

战略时,才能实现。马基雅维利身上没有一点空想家的味道①。他不是"在书桌后面,自说自话"(乔治·马歇②),闭门造车,**替人**

---

① 马基雅维利,《君主论》,前引,第 119 页。——原编者注

"空想家"原文为 utopiste,或译"乌托邦主义者"。参见《君主论》,第 15 章"论世人特别是君主受到赞扬或者受到责难的原因":"我觉得最好论述一下事物在实际上的真相,而不是论述事物的想象方面。许多人曾经幻想那些从来没有人见过或者知道在实际上存在过的共和国和君主国。可是人们实际上怎样生活同人们应当怎样生活,其距离是如此之大……为此,我想把关于想象上的君主的事情撇在一边,而只是讨论确实存在的事情。"——译注

② 乔治·马歇在 1978 年 4 月 27 日中央委员会所作的报告中,以他的方式注意到了阿尔都塞刚刚在 4 月 25—28 日的《世界报》发表的题为《不能在法国共产党内继续下去的事情》的文章里针对法共领导层的批评:"这种对党内集体辩论的无知无畏,不正表现出他害怕自己的政治立场在自由讨论后会被大多数人摒弃吗? 坐在书桌后面,自说自话,远离生活,避开来自同志们的一切论争,写出一些专断的、很容易找到买主的文章,这的确是更容易的事。"(《乔治·马歇:沿着二十二大的道路前进》一文,前引,第 7 页)阿尔都塞在 5 月 10 日给不久后以小册子形式出版的这篇文章的序言中反唇相讥:"在自说自话和书桌方面,领导层一点也不用向别人学习。"(《不能在法国共产党内继续下去的事情》,前引,第 11 页)也可参见《来日方长》(1985 年),见《来日方长(附:事实)》(*L'avenir dure longtemps* suivi de *Les Faits*),第 3 版,Y.穆利耶·布唐(Y. Moulier Boutang)和 O.科尔佩编,巴黎,弗拉马里翁出版社,"田野"丛书随笔系列,2013 年,第 196 页。——原编者注

"……我那时对政治做了些什么呢? 一种关于政治的纯思想而已。后来乔治·马歇提到'书桌后面的知识分子',那当然是错误的,但似乎我就属于这类情况,从其反响来看,他的提法并没有完全落空,所有那些人,甚至包括共产党的对手,长久以来攻击我是一个纯粹的哲学家,站在理论的高处,轻视实践的现实性……他们都触及了我的要害,完全没有把我'放过'。"参见《来日方长:阿尔都塞自传》,蔡鸿滨译,陈越校,世纪文景,2013 年,第 179 页。——译注

民想出一种战略。说到底，他会说甚至不是他——马基雅维利这
个个人-主体——在思考。我们可以通过他的文本的某些语气，
通过这些文本编写和未出版的境遇，来证实这一印象。他自己
说，是整个政治的历史在通过他思考，你可以看到的确如此，在他
的著作里，是罗马在自言自语①，是法兰西王国、意大利政治上的
"悲哀"及其虚空（vide）和虚无（néant）在言说，是感人的呼吁从四
面八方的意大利人民群众中涌起，要求终结这些封建国家，建立
法国和西班牙能够建成的那样一个民族国家。

　　但是，在马基雅维利的关键性难题上，不是他在思考，而是意 114
大利的历史和人民在思考，这还不够。提出的战略（而且我们可
以说：马基雅维利完全和君主一样，**就是**这一战略本身）还必须被
人民群众接纳，他们还必须在它里面承认自己。② 因而这一战略
本身必须以一种——产生着这类同意和信仰的后果的——**意识
形态**的形式被提出，以便用团结在一个君主周围的观念，把群众
团结起来。而我们对于这个君主，除了他想要成为君主就应当实
现这一战略之外，完全是一无所知。

　　因而意识形态不仅对于国家的存在和运行，而且对于向人民
提出这一战略、对于提出方式的大众化表述，都是必不可少的。

---

　　① penser tout haut，字面意思是"高声思考"，思考的时候说出声，即自言
自语。所以这个表达是和前面"是整个政治的历史在通过他思考"相呼应
的。——译注

　　② 马基雅维利，《君主论》，前引，第 96,98,134 页。——原编者注

　　参见《君主论》，第 9 章"论市民的君主国"，第 18 章"论君主应当怎样守
信"。这里和下文的"承认"（"如果人民没有承认他是能够实现这一战略的
人"）或译"认出"，参见第 23 页，注释③。——译注

在新国家创制之前，必须实现一种领导权，即这一战略的观念的领导权。它必须在新国家降临之前赢得群众，否则新国家就得不到创制。即便是一个"有 virtù 的"①个人来从事这项任务，即便是他的口袋里装着世间所有的运气，如果人民没有承认他是能够实现这一战略的人，因而如果人民没有被这一战略的观念所渗透以便能够判断君主，那么他仍将一事无成。

怎样才能预支这些意识形态后果呢？它们只能从新国家里诞生，但在新国家诞生之前，仅仅为了它能够诞生，又需要让它们先产生出来。这是一个循环，葛兰西用他在夺取国家政权之前就要实现领导权的论点来解开这个循环。但是撇开他的论点的有效性不谈，葛兰西至少有适合于自己的表象——这个循环不在场的表象，因为他拥有在新国家创制之前就创制这种领导权的手段——共产党。葛兰西说：这就是"现代君主"。他错了。

首先，党不是一个君主，我这话的意思不是说，党不是一个个人，而是说，党是一种完全不同的战略，不是摧毁封建国家并创立一个作为剥削者的民族国家的资产阶级战略，而是摧毁资产阶级国家并建立一个旨在消除剥削和压迫的革命国家的战略。其次，葛兰西玩弄字眼：在这方面依靠他原封不动采用马基雅维利的一整套表达——若是知道了这些表达出自怎样一个狐狸，就需要极

---

① 原文为意大利文 virtuoso，系 virtù 的形容词，一般译为"有德性的"。由于在文艺复兴时期意大利语尤其是马基雅维利那里，virtù 不限于"道德德性"的意义，而是涵盖各种肉体和精神的力量（《君主论》潘汉典译本把 virtù 译为"能力"，把 virtuso 译为"有能力的"），本书遵循作者保留 virtù 意大利文不加翻译的做法，同时为译文通顺易懂起见，把 virtuso 译为"有 virtù 的"。——译注

其谨慎地采用它们——葛兰西假定，君主的突然出现就会产生使他将要降临的那种意识形态。简言之，他在马基雅维利那里消除了他自己提出的问题——为了使君主成为可能，必须预先实现领导权（或某一种领导权）——的所有痕迹。

的确，马基雅维利作为自觉的政治家，完完全全承担了这个矛盾。同时，他作为自己实际成为的那个只依靠实在（le réel）本身的政治家，用他所能支配的**仅有的**一些手段来解决这个矛盾。他的解决办法就是从君主的战略中获得一种战略，并且像那样作为**人-狮子-狐狸**来行事。

116

人：他之所以是人，是由于他在智力上的诚实——从他的所有推理中、从它们的严格性中、从数量庞大内容确凿的文献中，我们都可以看到这样的诚实，因为我们从来找不出他的差错。**人**：他之所以是人，是由于他对公共利益、对拯救意大利的激情。**人**：他之所以是人，是由于他深切同情他的国家的人民所遭受的所有不幸、入侵、永久战争、对外族的屈服、横征暴敛、犯罪，和贵族对生产性资产者、大资产者对梳毛工①的剥削。**人**：他之所以是人，是由于这种被克制或被释放的激情、这种不同凡响的激情，充斥于《君主论》的结尾和他著作中另外十来个段落，在向他的国家的所有人发出团结的**呼吁**，②让他

---

① 参见第 122 页及注释。——原编者注

原编者注中的页码系法文版页码，即本书页边码。"梳毛工"原文为意大利文 Ciompi。1378 年的佛罗伦萨梳毛工起义是历史上第一次雇佣工人反对工场资本家的起义，也是第一次城市无产者试图夺取政权的斗争。马基雅维利记载了这次起义的过程，参见《佛罗伦萨史》，第 3 卷。——译注

② 马基雅维利，《君主论》，前引，第 162 页以下。——原编者注

参见《君主论》，第 26 章"奉劝将意大利从蛮族手中解放出来"。——译注

们承认①这个能够拯救他们的战略,并最终联合起来。

　　狮子:他把自己的强力用来战斗的时候是狮子。说实话,这是一种脆弱的强力,微乎其微——一种政治上的实践经验,一些公共(不过是下层)事务方面的任职。尽管他曾和同时代的大部分大人物打过交道,和几个掌权者建立了一些联系,但它们都消失了(无论是那些掌权者,还是那些关系);他和一个真正属于他的人——切萨雷·博尔贾②——建立了联系,但这人失算了,只是因为本该在罗马的时候,他却在拉文纳的沼泽地里烧得说胡话;他和一些出身高贵、才华横溢的年轻人建立了友谊,最终和他们在一所花园的树荫下交谈。总之,没有或几乎没有强力。

　　狐狸:这完全是另一回事!对"人"来说,这是马基雅维利真正的强力,是他最大的强力。狐狸:正如君主-人应当"能够不善良"③,**狐狸——他在本质上就是伪装的——也应当能够不伪装**,而这就是马基雅维利的全部强力,是他不断打出的王牌。在一个由诡计和伪装统治着的世界里——在那里,从手段的粗鄙或者它的结果上看,显然世人都在伪装,"舆论",因而也就是伪装,统治

---

　　① 或译"认出",参见第 23 页,注释③。——译注

　　② 马基雅维利,《君主论》,前引,第 82,86—88 页。——原编者注

　　参见《君主论》,第 7 章"论依靠他人的武力或者由于运气而取得的新君主国"。——译注

　　③ 见《君主论》,第 15 章"论世人特别是君主受到赞扬或者受到责难的原因":"所以,一个君主若要保持自己的地位,就必须懂得能够不善良……"——译注

着世界，①伪装作为统治和压迫人们的方法支配着一切——**马基雅维利的伪装就在于不伪装**。

而这正好是一种伪装，因为抱有这种怀疑的世人都会说，他只是"装作"②说真话——但其实要说的是完全不同的事情；他装作对君主讲话，要同他谈"暴政"，但其实是要对人们讲话，同他们谈"自由"。18世纪和复兴运动③的大多数作者就是这样，在他们看来，马基雅维利"装作"给君主们提供统治的原则，但这却是要向人民阐明君主们的手段。马基雅维利"装作"是君主主义者（在《君主论》中），但这却是要为共和制辩护（在《李维史论》中）。

118

然而，在马基雅维利那里并没有任何伪装，而这恰恰就是他的伪装。正因为如此少有伪装，他考察了**所有情况**（《君主论》），并且为了不忘掉任何情况，他没有像以后的笛卡尔④那样，通过"尽量全面地列举"以确保毫无遗漏（因为需要确定**所有情况**都已

---

① 马基雅维利，《君主论》，前引，第130页以下。——原编者注

参见《君主论》，第18章，"论君主应当怎样守信"。——译注

② "feint"，动词，原型为fenidre，与名词feinte（"伪装"）同词根。——译注

③ "复兴运动"原文为意大利文Risorgimento。参见第59页，注释②。——译注

④《谈谈方法》(*Discours de la méthode*)，巴黎，弗兰出版社(Vrin)，"哲学图书馆"丛书(«Librairie philosophique»)，1982年，第70—71页。——原编者注

"最后一条是，在任何情况之下，都要尽量全面地列举，尽量普遍地复查，做到确信毫无遗漏。"见笛卡尔，《谈谈方法》，王太庆译，商务印书馆，2000年，第16页。译文有修改。——译注

悉数汇总），而是通过另一种方法——我曾经提议把这种方法叫作"思考到极端"①。所以，马基雅维利在推理时，考察了**那些可能的极限情况**（*cas limites*），并假定它们是真实的，然后研究了这些情况。

例如这种极限情况："为了统治人们，就需要假定他们都是邪恶的"②，对于这个断言，马基雅维利没有提供任何具体的例子（在他那里从未有过这种情况），但正是通过在这种极限假设中思考，才能确保人们思考最坏的情况，并且，如果解决了这个极限难题，那么其他所有的难题都只是次要的，也容易找到解决办法。再例如个人－君主的情况：马基雅维利在这种极限情况中思考——一个无名之辈、完全不为人知的个人，没有强力和权力，因此也没有国家，我们既不知道他的出身，也不知道他从什么地方、在什么时候突然出现。我们要求他的全部东西，就是要有 virtù，即一种强大的政治本能，可以把他抛向将要出现的机遇，以便"把

119

---

① 路易·阿尔都塞，《亚眠答辩》，见《立场》，前引，第 146 页。——原编者注

"马基雅维利很少表述出来、却总是在实践的方法的准则，就是必须思考**到极端**，这意味着在一个立场中思考，在那里表述一些极限论点，在那里，为了使思想成为可能，就要占据不可能事物的位置。"见《哲学与政治：阿尔都塞读本》，陈越编，前引，第 178—179 页。译文有修改。注意阿尔都塞在这里用名词 la pensée（"思想"）替换了《亚眠答辩》原文中的动词 penser（"思考"），所以直译是"达到极端的思想"。——译注

②《论提图斯－李维的前十书》，前引，第 43 页。——原编者注

参见《李维史论》，第 1 卷，第 3 章"哪些事件导致在罗马创设平民保民官，这使得共和国更加完美"。——译注

握"它;而如果这个机遇是"运气好的"①,即有利的,那么这种本能就会激励他去做那些为了抓住这个机遇而必须做的事情("把握运气如同占有一个女人"②);而如果 virtù 和运气都能保持,至少如果当这个人碰巧没有运气的时候,virtù 还在他身上持久存在,那么,一个可能的未来就向他敞开了,直到有一天他为一个"持久(dure)"③的国家奠定了基础,并赋予它一些能够确保其持久性④的法(lois)。

我认为不需要进一步在马基雅维利那里寻找狐狸了。**他在意识形态方面发现了一种绝对前所未有的伪装**,即一种产生着空前的意识形态后果的话语形式:**这种形式就在于毫不伪装**。当然,他出于谨慎,有时会隐瞒自己的思想,但隐瞒并不是伪装——马基雅维利从不伪装。在他那里,对已知现实的**意识形态表现**(présentation)是以**对已知现实的单纯表现**这种悖论形式表现出

---

① 马基雅维利,《君主论》,前引,第 94 页。——原编者注

参见《君主论》,第 6 章"论依靠自己的武力或能力获得的新君主国"。——译注

② 马基雅维利,《君主论》,前引,第 162 页。——原编者注

参见《君主论》,第 25 章"运气在人世事务上有多大力量和怎样对抗"。"把握运气如同占有一个女人(prendre la fortune comme une femme)"这句话应是作者对马基雅维利原文("因为运气是一个女人,你想要压倒她,就必须打她,冲击她……")的改写;其中的 prendre 一词兼有"把握"和"占有"之意,所以同时使用了两种译法。——译注

③ 同上,第 74 页。——原编者注

参见《君主论》,第 6 章"论依靠自己的武力或能力获得的新君主国"。——译注

④ durée,或译"绵延"。——译注

来(se présente)的。他满足于"说出事实"①：不是在先天地说出事实——即定义法律事实——的权利的意义上，而是在阶级斗争的**政治**意义上；而阶级斗争则受到与某一国家意识形态有机联系着的某一国家政权的制约。

120　　在这个一切都由国家政权和国家意识形态②（君主的尊贵意象+宗教+军队中融合的后果）所规定的世界③中，在这个世人都在"伪装"——完全不是出于恶意或恶行，而是因为**这就是**国家政权和国家意识形态强加给每个人的**法则**④——的世界中，马基雅维利有意识地选择去占据一个完全出人意料的位置。他"选择"不伪装。**他选择拒绝那统治着世人——包括君主，而且首先是君主——的法则**。这意味着：他不愿[把自己]摆在不仅属于对手而且属于现存社会的场地上；或者不如说，他不愿把自己摆在现存社会的场地上，因为现存社会就是他的对手。他"变换了场地"

---

① 马基雅维利，《君主论》，前引，第119—120页。——原编者注

参见《君主论》，第15章"论世人特别是君主受到赞扬或者受到责难的原因"。——译注

② 参见《论再生产》，前引，第113页以下，第171页以下，第188—189页。——原编者注

关于"国家（的）意识形态"，参见阿尔都塞，《论再生产》，吴子枫译，前引，第177—178，277—279，309—311页。——译注

③ 据法文版编者提供的勘误表，原文 mode（方式）系误植，当为 monde（世界）。——译注

④ loi，前文也译为"法"。——译注

（用［特米斯托克力］①的话来说，这句话以后会在无意中对马克思②强有力地说出来），故意把自己摆在别的地方，摆在另一个场地上。

正如必须在平原上才能仁望群山的雄姿，"**必须是人民才能认识君主**"。在另一个场地上——在平原上。与人民同在，或者不如说成为人民。这"另一个场地"是让我们能够"认识君

---

① Thémistocle(前 524—前 460)，古希腊杰出的政治家和军事家，雅典海上霸权的缔造者。——译注

② 《伊壁鸠鲁哲学（研究笔记，1839—1840）》[《Philosophie épicurienne (Cahiers d'études, 1839—1840)》]，见卡尔·马克思，《著作集》，第 3 卷，前引，第 844 页；卡尔·马克思等，《德意志意识形态》，前引，第 1052 页。——原编者注

"变换了场地"在这里原文为"change du terrain"。与法文版编者注提供的线索不同，阿尔都塞在《阅读〈资本论〉》中曾亲自说明（参见《读〈资本论〉》，李其庆、冯文光译，中央编译出版社，2001 年，第 73—74 页，注释⑦）这个提法出自马克思本人修订的法文版《资本论》第 1 卷，参见《马克思恩格斯全集》，第 43 卷，人民出版社，2016 年，第 565 页："古典经济学以为用这种办法就已经从劳动的偶然价格进到劳动的实际价值。然后，它用维持和再生产劳动者所必需的生活资料的价值来决定劳动的实际价值。这样，它就不知不觉地变换了场地(changeait ainsi de terrain)。"（"场地"原译为"场所"）德文版《资本论》此处表述有较大差异，参见根据德文版翻译的《资本论》，《马克思恩格斯全集》，第 44 卷，人民出版社，2001 年，第 617 页："政治经济学以为用这种办法就可以通过劳动的偶然价格进到劳动的价值。然后认为，这一价值也和在其他商品的场合一样，是由生产费用来决定的。但是生产费用——工人的生产费用，即用来生产或再生产工人本身的费用，又是什么呢？这个问题在政治经济学上是不自觉地代替了原来的问题，因为政治经济学在劳动本身的生产费用上只是兜圈子，没有前进一步。"——译注

主"①的场地，而且是唯一能够这样做的场地。人民的场地因此

121 也是认识的场地。而正是**从真正的认识中**，马基雅维利期待着**意识形态的后果**，这是他力所能及的唯一的后果；要使人民群众对新君主的战略有所准备，这个后果就是必要的。

这个**说出的**真理将会让人们的精神在困惑和矛盾中措手不及，产生动摇。然而，**矛盾**已经出现在那里——在阶级斗争中。马基雅维利没有发明它：他以这个矛盾为依据，为了资产阶级的阶级斗争的利益来确定和改变它的方向。如果他说了真话，那是因为这个真已经存在。② 真话一经说出，随后就会在因为它的干预而被强化的矛盾中开辟自己的道路。而如果遇到一个具备 virtù 的人，此人由于理解，甚或出自本能，可以投身于这一战略，如果他再得益于强大的运气，那么，谁知道呢，也许就会有某种类似于新国家这样的事情开始诞生……

再说一遍，作为真正的政治家，马基雅维利③拒绝像萨沃纳罗

---

① 马基雅维利，《君主论》，前引，第 56 页。——原编者注

参见《君主论》，"献词"："我想，一个身居卑位的人，敢于探讨和指点君主的政务，不应当被看作僭妄，因为正如那些描绘风景画的人们，为了考察山峦和高地的性质便厕身平原，为了考察平原便高踞山顶一样，同理，深深地认识人民的性质的人应该是君主，而深深地认识君主的性质的人应属于人民。"——译注

② 句中的 vrai 一词分别译为"真话"和"真"。——译注

③ 马基雅维利，《君主论》，前引，第 79 页以下。——原编者注

参见《君主论》，第 6 章"论依靠自己的武力和获得的新君主国"："所有武装的先知都获得胜利，而非武装的先知都失败了"；同时论及下文提到的萨沃纳罗拉。——译注

拉①那样作为"非武装的先知"来行事,拒绝向狂热的群众宣讲乌托邦。他不想做一个先知,他厌恶一切类似于上帝及其教堂、教士和盲从者的东西,因为一种关于政治的宗教的或唯心主义的观念总是以诛杀暴君或(和)大屠杀告终。他也不对自己拥有的武器抱任何幻象;他几乎是非武装的,只剩下一件武器,而且是唯一的一件,就是能够在任何时候都拒绝伪装,只说真话。他也不认为真话一经说出,就能独霸天下,使错误的阴影在真理的光芒前退却,就像启蒙时代的观念学派②所认为的那样。他知道说真话就是他能做的全部,他更清楚地知道这走不了多远,因为必须有其他条件才能把真话渗透给群众——靠着一个被孤立的知识分子的力量,是别想实现这些政治条件的。马基雅维利是唯物主义者,尽管选择了从不伪装、只说真话,但他从来没有陷入那种观念万能的妄想。

122

然而,正如我们刚看到的,如果说马基雅维利在一些点上大大地领先于葛兰西,那么在另一个点上,葛兰西和他却完全具有相同的立场。如果说马基雅维利非常善于谈论政治,那么他就**只**谈论政治。如果说马基雅维利提到过那些劳动的人和那些无所事事的人(贵族),如果说他提到过——低于那些

---

① 吉洛拉谟·萨沃纳罗拉(Girolamo Savonarola,1452—1498),多明我会修士,佛罗伦萨宗教政治改革家。他以布道方式抨击教会和统治者,是1494年佛罗伦萨人民驱逐梅迪奇家族和共和国复兴运动的领袖。随后,他在佛罗伦萨实行道德专制。1498年,他在反对派的策动和教皇的迫害下,被作为异端者处以火刑。——译注

② les idéologues,在18世纪语境中译为"观念学派",在马克思之后的语境中则译为"意识形态家"。——译注

劳动的人①(他所谓劳动人口指的是作为生产者的资产阶级和小
资产阶级：工场主、批发业主、商人、生产性的地主、农民，等等)的
状况的——梳毛工②的状况，即那些已经在意大利资本主义生产
小岛之一成为雇佣劳动者的毛纺工人的状况，那么他从未提及人
们俗称为③_____

123　责备。而这种空缺_____

责备，除非落到开启一种回溯性过程的可笑境地)对他关于阶级斗
争、关于在他那里使两种"体液"——"肥人(gros)"和"瘦人(mai-
gres)"④的"体液"——相对立的冲突⑤的观念(conception)，并非

---

① 马基雅维利，《君主论》，前引，第 151 页。——原编者注

参见《君主论》，第 21 章"君主为了受人尊敬应当怎样为人"。——译注

② 《佛罗伦萨史》(Histoires florentines)，T.吉罗德译，E.巴林库校，见马基
雅维利，《著作全集》，前引，第 1088 页以下。——原编者注

③ 在复印很差的这一页顶端至少有一行缺失。该页上能看到的第一行
也有脱漏。——原编者注

④ 1293 年，佛罗伦萨建立了大行会掌握的政权，即所谓"肥人(popolo
grasso)"的统治，而受到他们压迫的小行会则被称为"瘦人(popolo
minute)"。参见马基雅维利，《佛罗伦萨史》，第 3 卷 12。此处用这两个说
法泛指统治阶级和被统治阶级，或马基雅维利所说的"贵族"和"人
民"。——译注

⑤ 马基雅维利，《君主论》，前引，第 94 页。——原编者注

参见《君主论》，第 9 章"论市民的君主国"："我认为，取得这种君权，不
是由于获得人民的赞助就是由于获得贵族的赞助，因为在每一个城市里都可
以找到两种相互对立的体液(due umori diversi)，这是由于人民不愿意被贵族
统治与压迫，而贵族则要求统治与压迫人民。由于这两种相反的欲望，于是
在城市里就产生下述三种结果之一，不是君主权，就是自主权，否则就是无政

没有影响。**剥削的观念**（*idée*）①**被排除在外**。马基雅维利不是用阶级斗争来解释剥削，而是用**所有物**，因此就是用**欲望**——那些得到的人想要得到的越来越多而那些没有得到的人想要拥有的欲望。由于他局限在所有物这个法律概念上，并没有走得更远，所以与所有物或非所有物的**关系**就成为对所有物或非所有物的解释。这种关系就是一种"**欲望**"的关系。②

府状态。"umori 法文为 humeur，原指西方古典医学所谓"体液"（四种体液学说），也可引申为"脾性""情绪"等意思。马基雅维利把不同派别（尤其是贵族和人民）比作不同体液，在《君主论》《李维史论》（第 4，5，40 章）和《佛罗伦萨史》（第 2 卷 12，第 3 卷 1）等多处使用这个比喻。另参见阿尔都塞，《政治与历史：从马基雅维利到马克思（1955—1972 年高等师范学校讲义）》，吴子枫译，前引，第 261—262 页："关于两种'体液'（医学术语，在马基雅维利著作中经常出现）的理论。所有的城市都包括两种'**体液**'：人民和贵族。……正是这两个阶级的这种斗争激起了对君主的召唤。"以及《马基雅维利和我们》，见《哲学与政治：阿尔都塞读本》，陈越编，前引，第 447 页："法律的真相其实就表现为国家内部对抗着的社会集团之间冲突的**功能**，马基雅维利时而把这些社会集团称为贵族、人民，时而称为'相互对立的体液'，时而称为**阶级**。这就是著名的关于两种'体液'的理论……"译文均有修改。——译注

① 本书将 conception 和 idée 都译为"观念"，但后者通常也泛指"想法"，所以这句话（L'idée de l'exploitation en est exclue）也可以意译为"并没有想到过剥削"。——译注

② 马基雅维利，《论提图斯－李维的前十书》，前引，第 46，155 页。——原编者注

参见马基雅维利，《李维史论》，第 1 卷，第 5 章"将对自由的守护置于何处更可靠，是在人民中还是在权贵中；何者有更多的理由引起骚乱，是想要获

　　因此欲望就是阶级斗争的根源:一方面是想要拥有得更多、统治得更多的欲望;另一方面是想要拥有某件东西、想要不被统治的欲望。[①]同时还有这个激动人心的见解:**正是拥有者和大人物的欲望才是欲望分化的"原因",因而也是阶级斗争的"原因"**。[②]在阶级斗争中,**统治阶级的阶级斗争才是就其整体而言的阶级斗争的原动力,而这个整体包括被统治阶级的阶级斗争**——需要等待马克思来重新发现这个真理。但事实是,在所有物下面,因而也就是在欲望下面究竟发生了什么,关于这一点并没有说出任何东西。事实是,一切都以"就是这样"的方式、以葛兰西喜欢的经验主义方式得到阐述。事实还是,发生在一个"社会"中的一切事情,都像在葛兰西那里一样,被完完全全归结为政治。

　　为了理解葛兰西自发地在马基雅维利身上认出自己(而且

取的人还是想要维持的人",第 40 章"在罗马设立十人立法委员会,以及对这件事应当注意的地方:其中,除了许多其他事情外,可以考虑这样一件事,如何能够拯救或摧毁一个共和国"。——译注

　　① 马基雅维利,《君主论》,第 68,94 页。——原编者注

　　参见马基雅维利,《君主论》,第 9 章"论市民的君主国"。——译注

　　② 同上,第 95—96 页;《论提图斯-李维的前十书》,第 46,75 页。——原编者注

　　参见马基雅维利,《君主论》,第 9 章"论市民的君主国";《李维史论》,第 1 卷,第 5 章"将对自由的守护置于何处更可靠,是在人民中还是在权贵中;何者有更多的理由引起骚乱,是想要获取的人还是想要维持的人",第 16 章"一个习惯于生活在某个君主统治下的民族,即使偶然获得自由,它维持这种自由也很困难"。——译注

在他眼中，他在思想方式上的唯一先驱正是马基雅维利，而非马克思）的深层理由，我相信上述分析是必要的。①

他是一个政治家，不仅因为他承认了相对于道德和宗教而言的"政治的自主性"②，不仅因为他开辟了一种"政治的科学"的可能性——这门资产阶级"学科"，极少是马克思主义的，葛兰西却很喜欢——而且**因为他和葛兰西一样，把一切简化为政治**，因为对他来说，一切都是政治；说白了就是：**尤其是**当你想要搞政治的时候，除了政治就没有什么真正值得关心的东西了。

　　马基雅维利通过在他的作品里、在实践上（而非在理论上）坚持这个论点，为葛兰西提供了一个机遇，去给自己找到一个父亲——他**唯一的**父亲③，并且以时代错置的方式"跳过"了马克思。因为马基雅维利的所有著作都建立在一个巨大的空白地带（关于下层建筑、关于生产关系、关于再生产等的空白地带）的基础上，我们并不会因此抱怨他。但是，葛兰西在马基雅维利三百年之后④、在

125

① 在复印很差的这一页顶端至少有一行缺失。——原编者注
② 《狱中札记》，第 3 卷，第 13 笔记本，第 20 节，第 395—396 页。——原编者注
③ 参见 路 易 · 阿 尔 都 塞，《人 道 主 义 之 争》(« La Querelle de l'humanisme»)，见《哲学与政治文集》(*Écrits philosophiques et politiques*)，第 2 卷，F.马特龙编，巴黎，斯多克出版社/当代出版纪念研究所，1995 年，第 519—520 页。——原编者注
④ 作者计算有误，当为四百年之后。在《马基雅维利的孤独》一文中，也有同样的错误（"已有三百五十年历史的《君主论》或《李维史论》"）。——译注

有了一个马克思七十年之后进行思考，他的所有著作却**仍旧在其基础上存在同一个巨大的空白地带**，这就是咄咄怪事了，尤其是当我们知道葛兰西也（尽管是以其他名义①，而不是以"政治理论"的名义）打着马克思旗号的时候。很显然，葛兰西在马克思和列宁之后进行思考，并且打着他们的旗号，那么他的巨大的空白地带就丝毫不会与三百年前马基雅维利著作中同样的空白地带具有同样的意义。**事实上，马基雅维利无法看到和理解的东西，完全被葛兰西抹除和消除了。**既然没有什么事情是偶然发生的——尤其是在这个层面上，那么我们可以说：这些东西是被他**故意**抹除和消除了。为了什么目的？那是另一回事。

　　一旦葛兰西把这个巨大的空白地带，以及这个空白地带对他所谈论的一切——"他的"市民社会、"他的"领导权机器、"他的"两个环节的国家（就像人们谈论"二冲程发动机"②）、"他的"阶级专政，以及政治和所有阶级斗争战略——归根到底起决定作用的③事实一笔勾销，他就可以讲自己想讲的事情，可以描述要多少有多少的、用于比较的历史实例（"需要列出一个完整的目录……"），可以从历史得出"道德"，或者为历史制订"道德"，可以组成他关于国家的那些小方程式，以便准备他的④＿＿＿＿＿＿

＿＿＿＿＿＿＿＿＿＿＿＿＿＿＿＿＿＿＿＿＿＿＿＿＿＿　都

---

① 阿尔都塞想说的大概是以"实践哲学"的名义。——译注

② "两个环节的国家"原文为 État à deux moments，"二冲程发动机"原文为 moteur à deux temps。——译注

③ 参见第 95 页，注释①。——译注

④ 在复印很差的这一页顶端至少有一行缺失。——原编者注

是**在虚空中**的组合与思辨。任何社会都有一个基础，否则它就处在虚空中。任何论证都应当通过思考来掌握它所谈论的东西的"基础"，否则它就处在虚空中。

即便看到葛兰西的非凡智慧，他对细节和细微差别的感知，当然还有他可以吸引人、说服人的反教条主义和反斯大林主义，但有哪个马克思主义者会不懂得：绝对不可能在"结论"上听从某个人，就像葛兰西这样，在他所有的推理中，把在马克思主义看来"归根到底起决定作用的"东西——即剥削、被剥削的条件、再生产以及它们的不可估量的后果——一笔勾销？尤其是当我们认为这同一个"马克思主义的"理论家建立了一套完全独创的却总是含糊不清或自相矛盾的概念构造，总而言之只是为了在单纯"个人"表达方式的差异底下，重新发现**两三条马克思主义基本真理**的时候；尤其是当我们认为他抛弃了"归根到底起决定作用的东西"并制造了他个人的整套小体系，是为了向工人运动提出一种"替代性的"战略的时候。**一种工人运动的战略竟然如此轻率地把"归根到底起决定作用的"东西撇开不谈，我们能够有片刻的工夫严肃对待它吗**？那是一种玩票心态。也可能是一种冒险主义。

我认为我们从葛兰西那里获得了很大的乐趣，和他在监狱的恐怖中给自己找到的乐趣一样：这种乐趣在于直接"看到"事物，并且还可以通过增加这些事物的历史实例来取乐。他感到不幸而**被剥夺**的，正是这种乐趣。① _____ 通过它们的在场 _____ 能

127

---

① 在打字文本页边上添加的手写内容中，有三个单词无法辨认。——原编者注

够立即①_____一切的乐趣，享用②对象——也就是享用历史、享用政治——的乐趣，**就像享用美食**。美食摆在桌上，看得见摸得着；我们看出它的美味可口，只要把它拿起来品尝就够了。狄德罗这么说贝克莱："主教就是人家把全都准备好的晚餐给他端上来的人。"因为他从不会走进厨房去亲手烹饪菜肴。葛兰西的情况也有点像这样：事物都准备好了，你只需要看到它们，就能获得（prendre）和理解（comprendre）它们。不需要走进厨房，到生产这些菜肴的地方去。就像某个本来可以这么说的人说过的那样：我们可以把美食变成随便什么东西，甚至玩票者的攻略，但不是工人运动的战略。③

128　　如果你怀疑这一点，那么我告诉你，因为总而言之，从群众的观点看——他们徒劳地在这里投入了自己全部心血和智慧——只有一件事可以在各种理论中间做出决断，就是：去问问"实践的标准"吧，然后你会发现我说得不错。而这在"欧洲共产主义"各党的世界里才刚刚开始，保尔·洛朗的祝福一定会振奋起它们的希望，让它们在征服"市民社会"的成果中战胜那些小小的"困难"。

---

① immédiatement，本书大多译为"直接"。这里译为"立即"，也是为了与上文的"直接（directement）"相区别。——译注

② consommer，或译"消费"。——译注

③ 注意本句中"攻略"和"战略"的原文都是 stratégie。参见第 104 页，注释④。——译注

四

葛兰西,欧洲共产主义①,阶级专政

Gramsci, eurocommunisme, dictature de classe

既然我说出了这个词，那么在葛兰西的思想和我们所说的 129
"欧洲共产主义"之间又能够建立起什么样的联系呢？我们刚刚
已经在一个大致轮廓中，看到了葛兰西的思想的有关方面，那么
"欧洲共产主义"呢？

"欧洲共产主义"——如果我们撇开其地理内涵——可以很
容易地定义为：向社会主义民主进行民主过渡的战略；或者更准
确地定义为：为一种先进的民主进行民主准备的战略，它将民主
地开辟通向民主社会主义的道路。这一战略的固有属性就是确
认目的（民主社会主义）和"民主的"手段的同一性，简言之，就是
在民主的概念底下同时思考战略、战术和手段。①

我想顺便提醒，目的和手段的对立，乃至目的和手段之间的 130
矛盾，被普遍认为是不可容忍的犬儒主义和"马基雅维利主义"的
表现形式。（然而，马基雅维利**从来没有**提出过这种对立本身，从
来没有**从它出发**进行思考；他总是在思考这种对立，并且总是在
一些确定的、能够同时证明这种对立的存在和解决办法都具有合

---

① "我们合称为'欧洲共产主义'的各党［……］确认了同一个愿望，就
是在广大的民众同盟的基础上，通过尊重多元化和摈弃典范概念，通过为一
切领域的民主的持续进步而斗争，向着社会主义前进。"（引自保尔·洛朗，
《路易·阿尔都塞的重大话题》一文，前引，第1页）——原编者注

理性①的条件下来解决它。)

我同样想提醒,[在]目的和手段的同一性中,就像在——民主同时成为目的和手段的——欧洲共产主义的战略中那样,只要我们没有做到马基雅维利擅长的事情,只要我们没有真正地思考使得这种统一的可能性、关系的各种变异、由单独一个未被定义的词——民主——所涵盖的各种差异得以出现的历史条件,那么我们就面对着与在目的和手段之间的矛盾中出现的相同的逻辑。

这都是为了说明,欧洲共产主义的战略所宣称的目的和手段之间的同一性,尽管给所有道德的或其他唯心主义的精神带来了极大的满足,但恐怕也只是一种空洞的也就是冒险的宣称。**只要我们没有**通过"对具体情况作具体分析"**——**不仅要对有关国家阶级斗争的具体情况,而且要对(包括资本主义帝国主义和那些"社会主义"国家在内的)全世界阶级斗争的具体情况作具体分析——**来证明**这一战略不同于纸上谈兵,而确实是可能的,因为它的物质的、社会的、政治的和意识形态的条件是在这个世界上已经实现了的。

然而,当前情况的悖论在于,**没有看到任何"对具体情况作具体分析"**来证明欧洲共产主义的战略已经具备了这些条件。我说这话的意思,并不是指这些条件就不存在,因此欧洲共产主义就

131

---

① justifier,"证明……(具有)合理性",或译为"为……辩护""使……合法"。——译注

是不折不扣的民主冒险主义①。我是说,我们对此一无所知;只要我们还无法证明其战略的历史条件已经实现,它就可能是民主冒险主义;如果具体分析证明其实现的假定条件[是]想象的,它就将成为民主冒险主义。

如果欧洲共产主义所依据的不是来自一种具体分析的正面结论,那它又依据什么呢? 在我看来,是依据两个历史现象:一是国际共产主义运动的危机,二是人民群众的运动,两者的后果汇聚在一起,就是对民主的要求。

显然,人民群众深感欧洲共产主义是对在东欧国家②占支配地位的非民主形式(它们向来是专政的、流血的,它们仍然是压迫性的)的不认可,是同东欧国家既在(非民主的)手段方面也在目的方面(一种非民主的"社会主义")——它们呈现出这方面的景

---

① 参见《黑母牛:想象的访谈(二十二大的缺憾)》,前引,第 148 页及注释③。——原编者注

"民主冒险主义"最早出现在阿尔都塞《论一个政治错误:辅助教师、大学生劳动者和哲学教师学衔考试》[« Sur une erreur politique. Les maîtres auxiliaires, les étudiants travailleurs et l'agrégation de philosophie» ,《新法兰西》(France Nouvelle) ,第 1394 期(1972 年 8 月 1 日) ,第 13 页]一文中。在写于 1976 年的文稿《黑母牛:想象的访谈(二十二大的缺憾)》里,阿尔都塞再次使用这个提法,批评"党的工作中某种顽固的竞相许诺的作风,这种作风,加上其政治实践中的某种现代主义的和广告的特性,会使党有失去对社会现实的政治把握的危险"。——译注

② les pays de l'Est(直译为"东方国家")这个说法,在当时用于指东欧原社会主义国家。——译注

象——很明确地拉开政治上的距离。① 在西方各共产党中,这种不认可是经过漫长岁月形成的。它首先是在意大利,被非常谨慎地裹藏在对葛兰西的思想及其反教条主义的求助之下。几乎到了二十大②之后,它才开始形成,但就连在意大利也是以一种极其畏缩的方式,在其他国家就更加畏缩了。只是在入侵捷克斯洛伐克③之后(在匈牙利的军事干预④曾让各国共产党无动于衷;在法国,这造成许多战士,包括其中一些负责人,要么被开除,要么退党),它才以一些仍然谨慎的形式真正得以表明。正是在最近三年里,随着国际共产主义运动危机的加剧,这种不认可采取了积极的形式,谴责苏联和其他东欧国家的反民主做法,并且用单独一个词——民主——既作为路线又作为普遍的口号,来宣告欧洲共产主义。

这一切演变之所以发生,显然是由于西方国家人民群众运动的推动。在这方面,与布拉格事件同时的 1968 年五月风暴对于影响法共的态度发挥了决定性的作用;而二十二大,在向法国人提

133

---

① 该论据的展开,参见《黑母牛:想象的访谈(二十二大的缺憾)》,前引,第 141 页以下。——原编者注

② 指苏联共产党第二十次代表大会(1956 年 2 月)。赫鲁晓夫在这次大会上作《关于个人崇拜及其后果》的"秘密报告",对斯大林进行全面批判和否定。——译注

③ 1968 年,捷克斯洛伐克共产党总书记亚历山大·杜布切克发起名为"布拉格之春"的政治改革,以苏联调动华约国家军队占领捷克斯洛伐克全境告终。——译注

④ 1956 年 10—11 月的匈牙利事件,导致了苏联的军事干预。——译注

出的关于"共产党人对法国的期望"的宣言①中,也的确注意到了
来自群众的民主诉求。它把这个诉求写进自己——由共同纲领
所确认的——通过左翼联盟夺取政府权力的战略,并且发展了向
所谓"具有法国色彩"的民主社会主义进行民主过渡的那些后来
众所周知的主题,这样就没有人会搞错——这是一种不"具有莫
斯科色彩"的社会主义。

　　法国党就这样转向意大利党很久以来通过对葛兰西战略思
想的长期反思而制订的战略。关于欧洲共产主义的战略协议,尽
管仍然言辞审慎,但却通过乔治・马歇和贝林格②之间的互访得
到确认。③ 然后它又扩展到西班牙共产党——一旦后者结束了秘
密状态。④ 我们甚至看到,该党作为这一战略中最不强大、最年轻
的成员,毅然带头,公开地、毫无保留地宣称自己是"欧洲共产主
义的"党,这一点意共与法共都没有做到;最终它还把这个说法强
加给了其他共产党——它们在欧洲(英国等)和全世界(日本、墨

134

---

　　① 《[法共二十二大]决议》,《共产主义手册》,1976 年 2—3 月,第 387
页。参见路易・阿尔都塞《黑母牛:想象的访谈(二十二大的缺憾)》,前引,
第 445 页;《二十二大》,前引,第 19—20 页。"这次大会[……]通过了一份
文件。这份文件不是对具体情况作具体分析,它实际上是一份宣言,向法国
人解释共产党人希望法国成为什么样的社会。"——原编者注

　　② 恩里科・贝林格(Enrico Berlinguer),1972—1984 年任意大利共产党
总书记。——译注

　　③ 1976 年 6 月 3 日,贝林格和乔治・马歇在巴黎举行了一次大型的"欧
洲共产主义"会议。1977 年 4 月 29 日,他们在罗马再次会晤。——原编者注

　　④ 佛朗哥独裁政权垮台后,西班牙政府于 1977 年 4 月 9 日宣布西班牙
共产党合法化。——译注

西哥等)投身于相似或相同的战略，但并不总是给它这个名称。

但是，欧洲共产主义的战略所依据的，不仅是国际共产主义运动的危机，以及人民群众的"民主"诉求——它还依据现有的**一些理论**。这的确是悖论性的。因为不仅不存在对具体情况作具体分析以证明欧洲共产主义的战略是可能的，而且不存在欧洲共产主义的**理论**(原因就不用说了：没有具体分析，理论也是不可能的)。不过，欧洲共产主义依据**一些理论**——我们暂时不会给这些理论打引号，哪怕以后经过检验发现需要给它们打引号——依据哪些理论呢？有两种理论。

首先是依据葛兰西的思想。在关于这种思想说了那么多之后，我们不会对它能够用来证明这一战略的合理性感到惊讶了。因为葛兰西让欧洲共产主义有理由思考，夺取国家政权不是正面攻击的结果，因而不是——触犯一切法权①并放弃民主的——民众暴力的结果，而是"阵地战"的结果，这里重要的是占领市民社会，而国家则置身于市民社会的"堑壕和掩体"的后面。与假定了暴力——也就是针对(民主的)法权的暴力——的正面攻击相反，征服"市民社会"要"一步一步""一砖一石"(乔治·马歇，在中央委员会上的开幕词②)、一个阵地接着一个阵地去完成。这种渐进式的"前进"，根本不要求通过暴力来完成；一切都允许并迫使它在没有暴力的情况下，按照现有的法权——也就是按照资产阶级

---

① 注意 droit 一词在前文大多数场合译为"权利"(个别地方译为"法")，下同。——译注

② 参见第40页，注释③〔译者按：即本书第29页，注释②〕。——原编者注

民主——来完成。

人们可能会问,这种征服能带来什么呢? 因而,谁能证明,只要包围了在平原上保护着国家要塞的那些堑壕,也足以用同样的手段去夺取国家呢?

葛兰西关于领导权的理论就是对这个关键问题的回答:不是"市民社会"作为国家的"领导权环节"的理论——国家的另一个"环节"是强力——,而是国家作为领导权的理论,或者不如说,是用领导权概念(notion)甚至替换了国家概念(notion)的理论。这个"理论"构成了一个绝望的反思环节,[他]从中为自己给自己提出的那些政治难题寻找一个理论的解决办法。在这个"理论"中,葛兰西最终在领导权概念底下,同时包含了阶级专政和整个国家,因而包含了国家的两个环节(强力和最初词义上的领导权)。在这个关于阶级斗争[的]"理论"中①——阶级斗争是在一个被划分为各阶级并且国家在那里充当了对各阶级划分进行再生产的特殊工具的社会中展开的——,对葛兰西来说,最终不再有各阶级,不再有严格意义上的阶级斗争,只有他所谓"领导权斗争",也就是统治阶级的领导权和被统治阶级的领导权之间的斗争②。阶级斗争就这样被当作"领导权斗争"(而革命危机时刻被当作"领导权危机")来思考,并且国家本身被吸收进了统治阶级

136

---

① 此处原本作"Dans cette «théorie», la lutte de classe…"("在这个'理论'中,阶级斗争……"),现根据法文版编者提供给译者的勘误表更正。——译注

② 参见第88页,注释②。——原编者注

的领导权,所以一切都发生在"各领导权"①之间,而**国家的问题在实践上和理论上都被丢开了**。换言之,如果征服"市民社会"的问题被明确提出,并且如果我们能够给它一个回答、一个民主的回答,那么,征服国家的问题压根就没有被提出。它没有被提出,只要国家的问题是用领导权的观点来思考,只要领导权的问题本身又是用市民社会的观点来思考。这意味着,征服国家的问题没有被提出,因为它已经简化为征服市民社会了。

我们已经看到,葛兰西在多大程度上屈从于一种诱惑,即借助于发明一些适当的提法,把一种现实简化为另一种现实,用一个问题置换另一个问题。这些简化和置换当中最严重的就是:国家简化为市民社会,市民社会置换了国家。说到底,这意味着:在葛兰西的战略中,国家的问题没有被提出;进而言之,国家并不真正存在,因为它只是领导权的现象。

整个这一如此独特的概念性"劳动"都被陶里亚蒂在我们所知的意义上利用。他在最初为一个"新的党"奠定基础的过程中,获得了阵地战战略的那些手段②

---

① 原文为复数的"领导权(hégémonies)"。——译注
② 原文到此中断。——原编者注

附　录

致《再生》杂志的信
（论葛兰西的思想）①

Lettre à *Rinascita*（sur la pensée de Gramsci）

———————

　　① 本文是阿尔都塞 1967 年 12 月 11 日写给意大利《再生》杂志
（Rinascita）编委会成员卢恰诺·格鲁皮（Luciano Gruppi）的一封信，最初以意
大利文发表于《再生》杂志（1968 年 3 月 15 日）。洛朗·莱维和帕纳吉奥蒂
斯·索蒂里斯两位学者在法共档案中找到了这封信的法文原件，加上说明后
于 2018 年 10 月 30 日在“时代评论”网刊上发表，题为《致〈再生〉杂志的信
（论葛兰西的思想）》［«Lettre à Rinascita（sur la pensée de Gramsci）»］，见
http://revueperiode.net/inedit-lettre-a-rinascita-sur-la-pensee-de-gramsci。中译文
体例完全依照这个法文文本，同时参考了沃伦·蒙塔格（Warren Montag）的
英译，见 http://scholar.oxy.edu/decalages/vol2/iss1/18。洛朗·莱维（Laurent
Lévy），法国当代学者，著有《“左派”，黑人和阿拉伯人》（“La gauche”, les Noirs
et les Arabes）等。帕纳吉奥蒂斯·索蒂里斯（Panagiotis Sotiris），希腊马克思主
义学者，任教于希腊的多所大学，著有《为了共产主义的哲学：重新思考阿尔
都塞》（A Philosophy for Communism: Rethinking Althusser）《危机、运动与战略：希
腊经验》（Crisis, Movement, Strategy: The Greek Experience）等。——译注

　　路易·阿尔都塞同葛兰西的关系始终既复杂又暧昧。作为一位真正的政治天才，葛兰西对阿尔都塞来说，也代表一位真正的哲学对手。整全的历史主义，真理与实践的融合，马克思主义在科学与宗教之间模棱两可的身份，这些要素都与阿尔都塞的方案背道而驰。这封未刊的致意大利最重要的共产主义杂志的信，代表了这些理论赌注的一次光辉的凝结。这封信写于1967年，也是共产党人之间理论争论最激烈的时期。洛朗·莱维和帕纳吉奥蒂斯·索蒂里斯对这封信作了介绍，将它置于阿尔都塞的思想轨迹中，阐明了它的写作语境和全部意蕴。无论如何，这次交流不仅标志着哲学上的决裂，而且从相遇的唯物主义方面看，也标志着一些出人意料的趋同：关注形势，关注复杂的构型，关注阶级斗争中力量关系的优先性。

说明

洛朗·莱维　帕纳吉奥蒂斯·索蒂里斯

1967 年 12 月 1 日，意大利共产党理论周刊《再生》杂志（*Rinascita*）由里诺·达尔萨索（Rino Dal Sasso）签发，发表了一篇对路易·阿尔都塞题为《马克思主义不是历史主义》的文章①的批评性评论。1967 年 12 月 11 日，阿尔都塞给编委会成员卢恰诺·格鲁皮（Luciano Gruppi）②回了一封信，他自己称这是一封"匆匆写就的信"，带有"非常简略的、图式化的特性"，但他仍然认为，这封信值得在这份享有盛誉的杂志的专栏上发表——该杂志后来的确在 1968 年 3 月 15 日发表了它的意大利文译本，题为《一封论葛兰西思想的信》，并附上了由此展开的那场辩论的其他参与者

---

① 该文发表于在佩斯卡拉（Pescara）出版的《季度》杂志（*Trimestre*），选取了他为《阅读〈资本论〉》写的一节。——原编者注

"马克思主义不是历史主义"，参见阿尔都塞和巴利巴尔，《读〈资本论〉》，李其庆、冯文光译，中央编译出版社，2008 年，第 134—165 页。——译注

② 哲学家，意大利共产党中央委员会委员，支持陶里亚蒂对葛兰西的解释。——原编者注

的文字①。在某种意义上，这让作者如愿以偿，因为他在那封信结尾说："如果我们非常熟悉葛兰西……的意大利同志，能从自己方面参与这种反思——其重要性逃不过他们的眼睛——我会很高兴。"

在发表这封信之前，意共领导层把阿尔都塞的信发给法共领导层负责知识分子工作的罗兰·勒鲁瓦（Roland Leroy）②，后者于1968年1月15日将信转发给党的书记处成员瓦尔德克·罗歇（Waldeck Rochet）、乔治·马歇（Georges Marchais）、热内·皮盖（René Piquet）、加斯东·普利索尼耶（Gaston Plissonnier）和安德烈·维厄盖（André Vieuguet），并告诉他们说："意大利党的意识形态和文化问题代表团向我转交了所附阿尔都塞同志写给格鲁皮同志的信，后者之前在《再生》杂志发表了一篇批评性文章。读一下这封信有好处③。"我们在这里发表的，正是这份迄今尚未以法文刊发过的文献的原始文本，读一下它的确会在许多方面有好处。

除了一般意义上由阿尔都塞一篇未刊文本的发表可能带来的用处，它的第一个好处，是他在这个文本中以清晰直率的措辞明确了自己对葛兰西哲学观的批评。另一个好处，是这个文本在

---

① 包括里诺·达尔萨索、妮古拉·巴达洛尼（Nicola Badaloni）、加尔瓦诺·德拉沃尔佩（Galvano Della Volpe）和卢恰诺·格鲁皮的参与。——原编者注

② 罗兰·勒鲁瓦曾是铁路员工，当时任政治局委员，中央委员会书记。——原编者注

③ intérêt（"好处"），或译"兴趣""利益"。——译注

他对自己关于哲学的思考作出的重新调整中所处的位置,这个位置远远超出那种回应批评的纯属论战的方面。但另一个值得说上几句的好处,是它在法共内部多年来对哲学问题进行的反思中的位置。因为在一个政党领导层的档案中发现这样一个文本,而且还曾带着"读一下这封信有好处"的评语被发给党内那些远非热衷于哲学讨论的主要负责人,这是值得注意的。在这种情况下,即便这个文本不包含任何严格意义上的政治面向,这里所提到的好处也还是一种政治上的好处。

为了估量它的价值,有必要回顾这封信所处的法共内部的意识形态语境。阿尔都塞在《思想》杂志发表第一批文本——它们是构成《保卫马克思》最重要的材料——之后,共产党人哲学家之间展开了一场讨论,对此,法共领导层给予了最大关注。陷入争议的是作为哲学家的政治局委员罗歇·加罗蒂(Roger Garaudy)提出的一些观念。他的某些论点开始受到尖锐批评,其中或多或少狭隘意义上的政治问题同更严格意义上的理论问题交织在一起,所有人都指责加罗蒂犯了某种"修正主义"的错误。在这些讨论中,许多人借助于阿尔都塞的工作,尽管他们另一方面也指责后者犯了他们视为"教条主义"的错误。讨论中,加罗蒂提出一种观念,认为马克思主义首先是一种"人道主义"。阿尔都塞回答说,"人"的概念(concept)同马克思主义根本不相干,马克思主义甚至可以定义为"理论的反人道主义"。但这样一种提法,如果说它的理论理由在许多共产党人哲学家那里看起来行得通,那么从政治观点看,对党本身及其领导层来说却是无法接受的:无论以何种方式,无论这种方式是否有理论的支持,他们似乎都不可能不自称为"人道主义者",也就是说,在为人类的幸福而斗争。于是乎在共产党内上演了一种三边台球游戏:一些人指责阿尔都塞的哲学立场以支持加罗蒂的政治立场;另一些人攻击加罗蒂的理论立场,却并不明确援引阿尔都塞的理论立场——不仅出于对他的理论表达方式可能带来的政治后果的不信任,还出于对——无论对错——被归咎于他的纵容毛主义的政治立场的不信任。在这些态度之间,有一整套中间态度,这种态度的一个例证可能是这里或那里提出来的主张,建议让两位理论家相互对抗,以便最终既谴责加罗蒂的"右倾机会主义",又谴责阿尔都塞的"左倾机会主义"——这是在共产主义运动中用于孤立那些持不同政见者的两种经典指控。

这些政治的-哲学的辩论在 1965 到 1966 年,即从《保卫马克思》出版到 1966 年 3 月专门讨论意识形态和文化问题的阿让特伊中央委员会重要会议召开期间,尤为激烈。① 可以毫不夸张地说,阿让特伊会议标志着法共领导机器中在哲学反思方面的加罗蒂统治的终结,而阿尔都塞的工作对此作出了主要贡献。并不是说领导层选择了阿尔都塞来反对加罗蒂,相反,它致力于在表面上保持两方面各打五十大板的平衡——但给加罗蒂的那些观念带来的打击更大:三年后,加罗蒂被开除出法共,而阿尔都

---

① 尽管阿让特伊辩论的主题主要集中在文艺创作自由的问题上,但哲学仍在其中占据了重要位置。参见这次会议的会议记录,以及罗歇·马尔泰利(Roger Martelli)在《一场共产党人的争吵:阿让特伊中央委员会论文化》[*Une dispute communiste: le Comité Central d'Argenteuil sur la culture*, 社会出版社(Éditions Sociales), 2017 年] 一书中为该会议记录所写的导言。——原编者注

塞仍然是其党员——尽管是以反对的姿态——直到他生命的尽头。①

因此,这里发表的这个文本的一个意味深长的主题——我们可以认为它只是阿尔都塞从共产党内部辩论的角度提出来的——是马克思主义哲学作为"世界观"的主题。这个主题的确是那些使阿尔都塞派在阿让特伊取得矛盾性胜利被认可的主题之一,因为人们用它来反对加罗蒂。加罗蒂希望在马克思主义中看到一种"历史主动性的方法论",而瓦尔德克·罗歇②坚决主张马克思主义是"一种世界观和一种行动方法"。更意味深长的是,阿尔都塞会在这里回到这个提法,因为他的这个文本并不是先天打算发表的,充其量也只能作为参与一场围绕葛兰西展开的辩论的简短发言以意大利文发表。如果说他乐意用法国共产党领导层可以接受的表达方式,那也大概是出于战略上的根本理由。但

---

① 在 1968 年出版的《马克思主义与人格理论》(*Marxisme et théorie de la personnalité*)一书中,吕西安·塞夫(Lucien Sève)专门用了两条长注,既批评加罗蒂,也批评阿尔都塞。很明显,在这种表面的对称性背后,这些批评并不属于同一种类型:对加罗蒂,它们触及其观念的实质,而对阿尔都塞,它们触及某些——无疑是重要的——表达方式,却将实质留给了辩论,而且是站在阿尔都塞对加罗蒂的批评一方。——原编者注

② 瓦尔德克·罗歇当时是法共总书记。他出身农民(年轻时是种菜的),是 20 世纪 60 年代末法共第一场革新运动的主导人之一。他思想非常开放,对哲学辩论很敏感(阿尔都塞把自己的《自我批评材料》题献给他,说他偶尔会和自己详细讨论斯宾诺莎……),他在阿让特伊中央委员会的闭幕词以《马克思主义和未来的道路》(*Le marxisme et les chemins de l'avenir*)为题发表,并被用作党的战士们的培训材料。——原编者注

他这样做毫无取媚之心,因为相反,他是为了把事情搞清楚,而不是原封不动地重拾罗歇的"官方"提法:在肯定"各种世界观"①在哲学上的重要性的同时,他坚持拒绝把它们同哲学本身等量齐观——他在别的地方已经表达过这个看法。

另一个方面,也是这个文本最重要的方面——因为它触及文本的对象本身——是它致力于对葛兰西的批评性解释,而葛兰西恰好是加罗蒂重点提到的作者,法共领导人则用一种混杂着对其著作的无知的不信任态度看待他。在某种程度上,通过对葛兰西的援引,法共和意共之间关系的性质浮出水面,在法国方面,是既着迷,又恼火。在当时——欧洲共产主义出现之前——国际共产主义运动的讨论中,法共几乎系统地敌视意大利的方式,无论是在它对斯大林主义和苏联现实的看法上,还是在它对中国问题的方式上。可以说,阿尔都塞在这里,就像立足于流沙之上。

他自己同安东尼奥·葛兰西著作的关系一直很复杂,所以重绘这种关系的走向直到这封信,并非没有用处——何况这一走向在未来一些年里还将继续下去。从他的通信中,我们知道他是在准备自己关于马基雅维利的课程时发现葛兰西的(同时发现的还有意大利)。在 1962 年 1 月写给弗兰卡·马多尼亚(Franca Madonia)的一封信中,他这样讲述这一发现:

我写着,不由自主的文字,关于马基雅维利,一些不

---

① 由于阿尔都塞分别使用了"世界观"的单、复数形式,本文将 conceptions du monde(复数的"世界观")译为"各种世界观"。——译注

由自主的东西,为了在某个有着自由的一切外在表象的演说中去讲述它们! 马基雅维利的理性,我为什么要谈论它? 因为,当我决定去谈论它的时候,我感觉到有一样东西就在我嘴边,感觉到有某种东西在对我'说',由此我重新获得一些记忆[……]然后就是这种我曾在葛兰西那里发现的轻松自如……①

几个月后,阿尔都塞着手写作那篇后来以《矛盾和过度决定》为题发表的文本。在他关于非目的论的历史唯物主义、不平衡性和过度决定等独创性观念的第一个版本的组成部分中,阿尔都塞以一种非常正面的方式援引葛兰西,这一点不无重要性。对于阿尔都塞来说,恰好是葛兰西提供了一种关于上层建筑的作用力(efficacité)理论的可能性:

必须指出,**关于上层建筑和其他"环境"的特定作用(*efficace*)的理论大部分仍有待制定**;而在制定关于它们的作用的理论之前或同时(因为正是通过观察它们的作用,才能抵达它们的**本质**),要制定出**关于上层建筑特定要素的固有本质的理论**。这一理论就像大探索时代之前的非洲地图,人们可以认出这个领域的轮廓、它的大山脉和大河流,但在大多数情况下,除了一些精心绘制的区域,它的细节还不为人知。自马克思和列宁以来,

---

① 路易·阿尔都塞,《致弗兰卡的信》(*Lettres à Franca*),巴黎,斯多克出版社/当代出版纪念研究所,第161页。——原编者注

有谁**真正**尝试过或在继续进行这种探索呢？据我所知只有葛兰西。①

阿尔都塞在这里补充了一条注释，明确指出葛兰西——尤其是领导权概念(notion)——的重要性，并遗憾在法国没有真正能与葛兰西相匹敌的人来继续他的工作。

> 卢卡奇的尝试仅限于文学史和哲学史，在我看来，他受到一种羞答答的黑格尔主义的感染：仿佛卢卡奇想通过黑格尔让人们原谅自己曾经是西美尔和狄尔泰的学生。葛兰西则要高大得多。他在《狱中札记》中的进展和笔记，触及意大利和欧洲历史的所有根本难题：经济的、社会的、政治的、文化的难题。我们可以在其中找到一些关于上层建筑这个难题——它在今天是根本的难题——的绝对独创的，有时甚至是天才的观点。我们还可以在其中找到——正如在涉及真正的发现时所应该的那样——一些**新概念**(concepts)，如**领导权**概念，这是为经济和政治相互渗透这个难题提供理论解决办法的雏形的一个杰出例子。不幸的是，至少在法国，有谁

---

① 路易·阿尔都塞，《保卫马克思》，巴黎，发现出版社(Découverte)，第113—114页。　　一原编者注

参见阿尔都塞《保卫马克思》，顾良译，杜章智校，商务印书馆，1984年，第91页。译文有修改。——译注

重新抓住并延续了葛兰西的理论努力呢?①

　　这种援引非常重要。阿尔都塞在他思想演变的这个关键时刻认为,葛兰西是唯一一位触及过度决定问题的人,而领导权概念(notion)或许是反形而上学和反目的论的历史唯物主义难题的解决办法。但是到 1965 年,在为《阅读〈资本论〉》研讨班作准备时,情况发生了变化。这种变化可以在 1965 年 3 月写给弗兰卡·马多尼亚的一封信中找到:

　　　　我不失希望地投入到[……]一本重要的关于马克思主义哲学的书中,可惜,我在这本书中不得不同我的一些意大利朋友,德拉沃尔佩派②和其他一些人,还有葛兰西本人——还能怎么样呢,既然他是他们的父亲——交换意见(葛兰西在严格意义上的哲学方面说了不少蠢话,有些蠢话已经得到大量繁殖:很清楚地看到它们包括一些什么内容,它们非常确切的位置在哪里,以及它们有什么后果,这对我来说是最近的一次收获,它至关重要)。③

----

① 路易·阿尔都塞,《保卫马克思》,第 114 页。——原编者注
　参见阿尔都塞《保卫马克思》,顾良译,杜章智校,前引,第 91—92 页。译文有修改。——译注
② 围绕加尔瓦诺·德拉沃尔佩而建立的一个意大利独创的马克思主义学派。——原编者注
③ 路易·阿尔都塞,《致弗兰卡的信》,第 609 页。——原编者注

在同一封信中,他强调在政治上尊重葛兰西,尽管在关乎哲学的方面他持非常批判的立场:

> 我对葛兰西的不敬纯粹是哲学上的,因为他是一位精神导师,他在历史领域的理论洞察力无与伦比,在这个领域无人能望其项背。①

这种立场的变化正好反映在《阅读〈资本论〉》阿尔都塞所写那章的"马克思主义不是历史主义"一节中——后者在《季度》杂志发表后引发了论战。这次批评在 20 世纪马克思主义史上是广为人知的一页。阿尔都塞把葛兰西对"绝对历史主义"的援引看作是一个重要的理论和政治危险。对他来说,这个危险就在于"在**单独的历史唯物主义**中,既混合了历史理论,又混合了历史唯物主义"②,还在于"**用同一个术语合并了历史科学理论**(历史唯物主义)和马克思主义哲学(辩证唯物主义),并将这种统一思考为一种'世界观',或一种总之可以同古老的宗教相比的'意识形态'"③。在这里我们看到——这是我们发表的

---

① 路易·阿尔都塞,《致弗兰卡的信》,第 609 页。——原编者注

② 路易·阿尔都塞等,《阅读〈资本论〉》,巴黎:法国大学出版社,1996年,第 325 页。——原编者注

参见阿尔都塞、巴利巴尔《读〈资本论〉》,前引,第 148 页。译文有修改。——译注

③ 同上。——原编者注

参见阿尔都塞、巴利巴尔《读〈资本论〉》,前引,第 149 页。译文有修改。——译注

这个文本的赌注之一——阿尔都塞对葛兰西的指责，重复了他对法共在哲学问题上的"官方"观念的指责。对他来说，"把科学简化为历史，简化为历史的'本质'"，是一种"经验主义的诱惑"①。阿尔都塞还提到他视为"人道主义和历史主义的结合"②的诱惑，并认为这种诱惑实质上是一种"左倾"人道主义，是 1917 年后"左派共产主义"的变种，是对后革命时期的要求和困难的反应。

　　当然，在有了从克里斯蒂娜·碧西-格卢克斯曼③到彼得·托马斯④等人关于葛兰西的重要著作之后，我们现在知道，对葛兰西的这种解释是无效的。因为葛兰西的思想并不是阿尔都塞所给出的意义上的"历史主义的"：在葛兰西那里不存在形而上

---

　　①《阅读〈资本论〉》，第 330 页。——原编者注

　　参见阿尔都塞、巴利巴尔《读〈资本论〉》，前引，第 152 页。译文有修改。——译注

　　②《阅读〈资本论〉》，第 338 页。——原编者注

　　参见阿尔都塞、巴利巴尔《读〈资本论〉》，前引，第 159 页。——译注

　　③ 克里斯蒂娜·碧西-格卢克斯曼（Christine Buci-Glucksmann），法国哲学家，巴黎三大名誉教授，著有《巴洛克理性》（La raison baroque）《葛兰西与国家：一种关于哲学的唯物主义理论》（Gramsci et l'État：Pour une théorie matérialiste de la philosophie）等。——译注

　　④ 彼得·托马斯（Peter D. Thomas），英国学者，布鲁内尔大学教授，《历史唯物主义：批判的马克思主义理论研究》（Historical Materialism：Research in Critical Marxist Theory）编辑，著有《葛兰西时刻：哲学、领导权和马克思主义》（The Gramscian Moment：Philosophy，Hegemony and Marxism），该书被评为 2007—2011 年间国际葛兰西研究最佳著作。——译注

学的目的论①。此外,我们可以说葛兰西的"社会存在论"是一种
"分子的"唯物主义,更接近阿尔都塞的相遇的唯物主义而不是卢
卡奇的思想。但有一点不同:关于科学性的问题,它是这封信中
根本的东西。葛兰西并没有低估"科学的"方式的重要性:他在
《狱中札记》里的"语文学"研究证明了相反的东西。但他发展了
一套关于"实践哲学"的观念,它作为一种实验性的理论实践,试
图生产出概念性(conceptualité)的一些新形式,以便在辩证关系中
思考历史与政治。

　　然而在那个时代,阿尔都塞关心的是为共产主义运动的方针
方面的**政治**难题提供**科学**解决办法,他认为应该为此付出努力。
这种对政治偏向进行理论和科学纠正的愿望构成了阿尔都塞的
"理论主义",后者不久将成为他自我批评的对象:它认为科学认
识本身可以导致正确的政治选择,导致共产主义运动在政治上的
左转。

　　但要使这种认识成为真正的科学认识,需要关于科学性的规
约。对于阿尔都塞来说,在这个特殊时刻,捍卫历史唯物主义的
科学性,需要一种科学的哲学,以便能够提供这些规约。为了避
免无限的倒退,他强调这样一种观念,即认为这种科学的哲学,这
种关于科学性的保证和规约的理论实践,这种"理论实践的理
论",已经以实践的形式存在于作为理论革命发生地的马克思的
《资本论》中。

---

　　① "目的论"原文为 téléologie,上文还出现过形容词 non-téléologique
("非目的论的")、anti-téléologique("反目的论的")。而在《怎么办?》中译为
"目的论"的则是 finalisme 一词。——译注

在这种框架下，在作为生产科学知识的理论实践的历史唯物主义同作为——提供科学性的规约的——"理论实践的理论"的辩证唯物主义之间，任何"混淆"的风险都会使阿尔都塞以理论方式纠正共产主义运动政治偏向的努力处于危险中。

我们在这里发表的这封阿尔都塞致《再生》杂志的信，因此突然出现在他的理论和政治轨迹的随后阶段。我们知道，正是从1966 年开始，他进行了一场深刻的自我批评。这种自我批评的一部分就是放弃"理论实践的理论"这个概念（notion），并在一系列文本中以更具政治性的方式制定了一个关于哲学的新定义。哲学对他来说成了一种在科学中进行干预的形式，它力图权衡科学实践中唯心主义和唯物主义之间，唯物主义的/科学的要素和唯心主义的/意识形态的要素之间的力量对比。这就是他对哲学的定义：哲学是"理论中的政治干预"，稍晚一点的提法是，哲学"归根到底是理论中的阶级斗争"。

即便他继续——有时以非常尖锐的方式——批评葛兰西，这种关于哲学但也是关于理论一般的更具政治性的观念，最终还是使他接近葛兰西，因为对后者来说，理论和政治之间存在一种紧密的关系。在给《再生》杂志的信中，阿尔都塞承认哲学和政治之间存在一种关系，但同时他又有意保持了对马克思主义理论的科学性的援引，尽管他同意这种科学性归根到底是阶级斗争的一个赌注。因此，这个文本似乎是阿尔都塞在这个关键时期发生的思想运动的一个例证。

阿尔都塞希望保持科学、政治和哲学之间的区分。这从 1967年同年和这封《致〈再生〉杂志的信》一道完成的《哲学笔记》

(*Note sur la philosophie*)①起，接着在他后来对这些问题的所有精心阐述——从 1968 年的《列宁和哲学》开始，直到 1976 年的《哲学的改造》——中明显表现出来。可以说，当我们谈论哲学时，总是涉及一种"解构性的(dé-constructive)"操作，一种与唯心主义作斗争的努力，一种对意识形态的/唯心主义的要素进行解构的努力。其结果是，即便用这位哲学家的"第二个"定义，即便他放弃把唯物主义哲学当作"诸科学②的科学"的可能性，阿尔都塞也不能接受葛兰西把"实践哲学"当作生产政治的-理论的概念性新形式的实验室这样一种更为"建构性的(constructive)"观念。

如果，像他在这里所做的那样，在一份意共出版物中提及葛兰西的"含糊不清""弱点""肤浅的文本""明显不充分的观念"，有点亵渎神明的话——如同或接近于重复上述给弗兰卡·马多尼亚的信中用过的"蠢话"这个字眼——那么在当时法国这么做的意义却并不一样。通过把——从斯大林那里继承下来的——将马克思主义哲学当作"辩证唯物主义"和"历史唯物主义"的经典观念视为理所当然，阿尔都塞借助在葛兰西那里找不到的假设，专注于对葛兰西的观念提出异议(discuter)这个行为本身。葛兰西的遗产更是意共而非法共内部争议(discussions)的一个赌注，而在法共内部则是一种合法性的伪

---

① 参见路易·阿尔都塞，《哲学与政治文集》(*Écrits philosophiques et politiques*)，第 2 卷，巴黎，斯多克出版社/当代出版纪念研究所，1995 年，第 299—348 页。——原编者注

② 由于阿尔都塞分别使用了"科学"的单、复数形式，本文将 sciences(复数的"科学")译为"诸科学"。——译注

饰,使阿尔都塞能够进一步推动他自己对哲学一方面与诸科学、另一方面与政治之间关系的反思。由此完全可以理解罗兰·勒鲁瓦会认为读一读这个文本对法共领导人有用——这也是我们今天应当拥有它的原因。

致卢恰诺·格鲁皮转《再生》杂志领导的信

路易·阿尔都塞

巴黎,1967 年 12 月 11 日

亲爱的同志:

我带着极大的兴趣,读了您在《再生》杂志上为我最近发表于《季度》杂志的《马克思主义不是历史主义》一文所作的评论。

我充分感受到您的批评的细腻之处。您的批评哪怕在最明确的保留意见里,也总是注意到我努力要"说"的东西,哪怕有时候我还没能真正把它说出来。

您是对的:我对葛兰西的某些主题与科莱蒂(Colletti)的某些论点作了粗暴的比较,没有提供必要的历史和理论依据。

我理解您在对葛兰西某些"理论的"提法的解释方面所抱的顾虑:我们不能撇开①葛兰西"具体的"思想来对这些提法加以评判。但是您会同意我的看法:提醒我们注意一位作者"**具体的思想**"的存在,并不足以自动消除他的"理论"的那些"抽象的"提法中可能包含的含糊不清(équivoque)。一位像葛兰西这样成熟、负

---

① "撇开(faire abstraction de)"直译为"对……加以抽象"。注意参照下文有关"抽象的""具体的"讨论的语境。——译注

责和有觉悟的作者,在他抽象的理论和具体的思想之间,肯定存在一种灵感上的深刻统一性。如果他"抽象的""理论的"提法当中的这个或那个表现出某种含糊不清,那么全部问题就在于弄明白:他的"具体的思想"是("具体地")记录和认可了**这种含糊不清**,还是——与之相反——("具体地")改正和消除了它?"具体的思想"的**存在**并不**一定**证明"抽象的"提法中的含糊不清得到了改正。对这种含糊不清的改正,应当在"具体的思想"中被**表明**,为的是对这种"具体的思想"的求助不仅仅停留在一种道德保证上。

然而,我应当承认,关于葛兰西的"思想",我能读到的最好的研究,也没有真正消除我将要谈到的"理论的"含糊不清。

以下就是**非常明确的**、**位置非常确定**的一点,我认为能够在这里搞清楚这种"理论的"含糊不清。

同对马克思主义的解释上的整个实证主义潮流相反——在这方面,葛兰西的功劳是巨大的,因为他具有同占统治地位的意见作斗争的清醒和勇气——葛兰西清楚地看到并思考了构成一切**哲学**的两种规定性**之一**:哲学与**政治**保持的关系。

但他没有真正看到**另一种**规定性,并把它单独拎出来加以思考:哲学与**诸科学**保持的关系。

从理论上讲,这是葛兰西的弱点。意大利好几位马克思主义哲学家已经明确指出了这种弱点。葛兰西在一些文本中——而且是仓促、肤浅的文本中——捍卫了一种明显不充分的甚至错误的关于诸科学的观念。他满足于重复克罗齐极端含糊不清的、可疑的提法:关于诸科学的"工具主义"理论和关于诸科学的"上层建筑主义"理论。

就这些提法可以指明的**客观的东西**而言,它们仅限于指明:

(一)首先,一门科学在某种确定的实践中所占据的**位置**——它只是这种实践的诸多要素**之一**——以及它在这种实践中发挥的功能(例如,马克思主义理论是马克思主义政治实践的要素**之一**,它在那里扮演了"方法"的"工具"和"行动"的"指南"的角色)。

(二)其次,诸科学在一定社会形态中相对于这种社会形态的各"层级"(下层建筑、法律-政治的上层建筑、"意识形态的"上层建筑)所占据的**位置**(如此说来,诸科学"在上层建筑方面"占据了一个位置)。

但是这些通过各种**地形学**给科学指明位置的提法,并没有考虑到诸科学本身的与众不同,即**客观认识**的生产。

这导致一个非常重要的后果。

由于葛兰西没有思考哲学与诸科学保持的特定关系,所以他总是倾向于将"**哲学**"简化为"**世界观**",将它们完全等量齐观,认为它们只有单纯形式上的差异。

因为在葛兰西看来,将("哲学家的")哲学与(所有人的)世界观——正因为每个人都有一种世界观,葛兰西才说"**人人都是哲学家**"——区别开来的,只是他所说的更强的"**一致性**(*cohérence*)"。很明显,这种差异仅仅停留在**形式上**,因为葛兰西仅仅把它定性为"一致性"程度上的差异,既没有解释这种"一致性"的理由,也没解释这种程度差异的理由。葛兰西的确还谈到了哲学(哲学家的哲学和马克思主义的哲学)的"体系的"特性和"理性的"特性,但这些术语并没有解释任何特定的东西,只不过是以其他形式**重复**"一致性"那种已经得到肯定的特性。

　　然而,一致性(体系性,甚至合理性)并不是**哲学**特定的、区分性的标准。**各种世界观**也有完全一致的、体系的甚至"理性的"陈述——比如神学中的宗教世界观的理论陈述——但我们不能把它与哲学相混淆。

　　实际上,为了解释清楚葛兰西在求助于哲学的"一致性"时试图指明的为哲学所固有的东西,就必须引入哲学与诸科学保持的特定关系。正是这种关系为哲学赋予了葛兰西所描述的特性(一致性、体系性、合理性)。但这样一来,这些特性就不再停留在形式上,因为它们获得了明确的内容,这个内容不是由"合理性"**一般**①所定义,而是由**那种**占统治地位的"合理性"的特定形式所定义,这种形式在一定时期内存在于哲学与之保持特定关系的诸科学中。同时代的"各种世界观"要么与这些科学(与它们的"合理性")毫无关系,要么与它们保持一种跟哲学的关系截然不同的"关系"。

　　如果这个图式化的说明(schématique)是不错的话,那么它也就显示出各种哲学②确实与现存的"各种世界观"保持着一定的关系。这种关系最终是哲学与**政治**的一种有机的关系(因为在意识形态的阶级斗争中,只有相互对立的各种世界观;而意识形态的阶级斗争只是严格意义上的阶级斗争即政治的一个环节)。但各种哲学不单是由它与政治的这种关系所定义(否则它们将只是单纯的——即便是"政治的"——各种世界观)。它们作为各种哲学(而这是它们与各种世界观之间**特定的**差异),还由它们**同时**与

_____

① «rationalité» *en general*,或译"一般意义上的'合理性'"。——译注

② 由于阿尔都塞分别使用了"哲学"的单、复数形式,本文将 philosophies(复数的"哲学")译为"各种哲学"。——译注

诸科学——更准确地说，是与当时在诸科学中存在的占统治地位的"合理性"的形式——保持的特殊关系所定义。

这种双重关系的卷入构成一种**独创的**结合，这种结合恰如其分地使各种哲学作为**各种哲学**而**存在**，既区别于各种世界观，又区别于诸科学。因此我们明白了，各种哲学自身负载着各种世界观，或者更确切地说，它们"被"各种世界观所"负载"。由此，恩格斯和列宁关于哲学史上唯物主义和唯心主义两种倾向**斗争**的理论便获得了**有效性**——这种斗争是相互对立的各种世界观之间的意识形态的**阶级斗争**。同时我们也明白了，各种哲学是与**非哲学的**各种世界观不同的东西。因为与单纯的各种世界观不同，它们还与诸科学保持着特定的关系。

在这些条件下，我们会承认，葛兰西——由于缺乏正确的关于诸科学的观念——无法给哲学下一个完整而正确的定义。他确实看到哲学与政治之间的根本关系。但他确实没有看出哲学与诸科学之间的特定关系。这导致他的"理论的"哲学观中存在某种含糊不清。就我所知，这种"理论的"含糊不清并没有被葛兰西的"具体的思想"所改正。

如果确实愿意关注这种含糊不清，我们就不难明白，它会在葛兰西那里造成一种明显的倾向，即把马克思主义哲学（辩证唯物主义）与历史科学（"历史唯物主义"是它的"一般理论"①）相混淆。这种混淆在葛兰西那里通过两种方式得到认可：（一）废除辩证唯物主义这个经典术语（他批评其中萦回的实证主义声音，而没有看出这个称呼所指的实际内容，即哲学与诸科学之间

---

① théorie générale（"一般理论"），或译"总理论"。——译注

的关系);(二)在"**实践哲学**"这个**单一的**表达底下,把历史科学和马克思主义哲学融合在一起。我认为,在这种情况下,我们面对的可能并不是一个术语上的简单改动,可以不造成理论的和实践的后果。

不用说,在我坚持强调诸科学的做法中,应当有某种与"法国文化传统"及其"天启论"有关的东西,这点我当然同意。但我不认为我们可以用一种简单的历史主义类型的解释,即"知识社会学"①,严肃地解决一个客观问题,即关于诸科学、关于哲学与诸科学关系的正确理论的问题。我们也不能再用一种只不过引入了"意大利传统"的社会学主义的解释,来解决葛兰西的那些相应论点的问题。我们现在同各自固有的"民族传统"有足够的距离,我们作为**马克思列宁主义者**,被充分告知要预防社会学主义的相对主义——它只是资产阶级意识形态在历史方面的直接产物——从而拒绝这种简单的"比较学(comparatiste)"观点,因为当这种观点声称要解释清楚一个命题的**理论**内容时,它是作为一种彻头彻尾的意识形态发挥功能的。我敢说,这种"社会学主义"是一个关于马克思主义的庸俗的"历史主义"观念能够造成一些危害的绝好例子。

我说"庸俗的",是因为我想到,就算葛兰西的"历史主义"观念在客观上含糊不清,也远非"庸俗的"。但是,"历史主义"(哪怕为了避免相对主义而宣称它是"绝对的")概念(notion)所包含的——葛兰西采取各种预防措施也无济于事——这种客观上的

---

① connaissance,本文一般译为"认识",但这里的 sociologie de la connaissance 则遵从习惯译为"知识社会学"。——译注

含糊不清，带来了一些理论上和实践上**有害的**后果，而无论环境怎么千变万化，我们每天都能获得这些后果的经验。正是这种经验**迫使**我们提出关于"历史主义"概念使用的"工具性"和——在这个纯粹实用主义的问题之外——关于它的**理论有效性的凭证**问题。

尽管葛兰西的"历史主义"有着可疑的表达方式和理论上不可避免的含糊不清，我们也尤其应当"拯救"和保护其中包含的**本真的**东西。在葛兰西那里，"历史主义"所指明的本真的东西，主要是对哲学的**政治**性质的肯定，是关于各种社会形态（以及构成它们的各种生产方式）的**历史**特性的论点，是关于革命的**可能性**的相应论点，是对"**理论与实践相结合**"的要求。为什么不用被一个悠久的传统用惯的、属于它们自己的名字来指明这些现实呢？

反过来，如果我们想"拯救"葛兰西的"历史主义"当中包含的本真的东西，我们就应当**不惜一切代价**，避免它（因为单单这个**字眼**的使用，就会不断诱使我们这么做）受到关于认识的各种（资产阶级）相对主义意识形态的牵连。这些意识形态认为，只要把客观的理论内容（**真的**科学认识或**正确的**哲学论点①）简化为它的"历史"条件，就等于把它解释清楚了。

这些**理论的**（即科学的和哲学的——在这些术语的严格意义上）内容的历史当然是一种**历史**。但是：

（一）这种历史不应当仅仅被构想为记录在编年史中的经验

———————

① 阿尔都塞区分"真的（vraie）"和"正确的（juste）"，用前者描述理论和认识（科学命题），用后者描述实践和（哲学）论点。参见《在哲学中成为马克思主义者》，吴子枫译，北京出版社，2022年，第121—145页。——译注

生成：它应当在马克思主义历史科学的理论概念（concepts）中得到思考。

（二）这是一种**特殊的**①历史，虽然它也被写在各种社会形态的历史中，并在这个历史（它通常被人们简称为**历史**②）上面被讲述，但它不能完全简化为各种社会形态的**历史**——即便后者在一切经验主义之外、在马克思主义的历史科学概念中被构想。

但是这些完全根本性的区分，会让我们再次回到对马克思主义的解释，尤其是回到葛兰西。我们可以怀疑，同样是在这一点上，我的意思是在构想马克思主义历史**科学**（就其与马克思主义**哲学**的差异而言）的性质的方式上，葛兰西在涉及哲学与诸科学关系方面的错误（首先是他对哲学与诸科学保持的关系的沉默），可能并非没有理论的和实践的后果③。

我希望有一天有机会更详细地谈论这些事情。但是，如果我们非常熟悉葛兰西——不仅熟悉他"抽象的理论"，而且熟悉他"具体的思想"——的意大利同志，能从自己方面参与与这种反思——其重要性逃不过他们的眼睛——我会很高兴④。

致以兄弟般的问候。

路易·阿尔都塞

---

① 原文为拉丁文：sui generis。——译注

② 原文为 *Histoire*（斜体且首字母大写）。——译注

③ 与上文提到"理论的和实践的后果"时（关于葛兰西的"实践哲学"概念和"历史主义"概念）使用的 effets 不同，这里的"后果"用的是 conséquences。——译注

④ 在《再生》杂志所发表的版本中，该动词为直陈式。附言也未刊出。——原编者注

又，如果您认为这封匆匆写就的信——尽管带有非常简略的、图式化的特性——可以在《再生》杂志发表，我会很高兴。我可以委托您代我并以我的名义向杂志领导转达这些话吗？这本杂志曾经非常友好地向我开放过它的专栏。

（吴子枫 译）

关键词对照表

abstraction　抽象,撇开①

absence　不在场

accord　赞同,一致,协定

acte　行为,行动

action　行动

activité　能动性

affrontement　对决

amalgame　融合

amateur　玩票者

amateurisme　玩票心态

analyse　分析

antagonisme　对抗

antidogmatisme　反教条主义

appareil　机器②

apparence　表象

---

① 用于 faire abstraction de …("撇开……不谈")。——译注

② 用于"国家机器""意识形态机器"和"领导权机器"等。——译注

application 应用

association 联合

avantage 好处,优势

avant-garde 先锋,先锋队

aventurisme 冒险主义

besoin 需要

bête 野兽

bloc historique 历史联合体

branche 部门

bourgeois 资产者

bourgeoisie 资产阶级①

capacité 能力

capital 资本

capitalisme 资本主义

caractère （特）性

cause 原因

chance 机会

changement 变化

choix 选择(权)

ciment 黏合剂

circulation 流通,交通

citoyen 公民

---

① 本书将 bourgeoisie 和 classe bourgeoise 两种表达都译为"资产阶级"。——译注

classe　阶级

classe bourgeoise　资产阶级

coercition　强制(权)

cohérence　一致性

cohésion　内在一致

comparaison　比较

concentration　集中

conception　观念

concept　概念

concret　具体

concurrence　竞争,竞争者

condition　条件,状况,境遇

conjoncture　形势

connaissance　认识

conquête　征服

conscience　意识,觉悟①

consensus　同意

conséquence　后果

consommation　消费

constitution　创制

construction　建设,构造

contradiction　矛盾

contraire　对立面

----

① 参见第8页,注释①。——译注

corps 实体，身体，队伍

cours 行程

crise 危机

critique 批判

démocratie 民主，民主制

demonstration 论证

dénomination 命名

description 描述

désir 欲望

détail 细节

détermination 规定，决定作用

dictature 专政，独裁

diffusion 传播

distinction 区分

dogmatisme 教条主义

domination 统治

donnée 材料

droit 权利，法，法权

économie 经济

économisme 经济主义

éducateur 教育者

éducation 教育

effet 后果

Église 教会

élément 要素

empirisme 经验主义

enjeu 赌注

ensemble 整体

équilibre 平衡

essence 本质

État 国家

état 状态

éternité 永恒性

éthique 伦理

eurocommunisme 欧洲共产主义

exigence 要求

existence 存在

expérience 经验

exploitation 剥削

expression 表达

fait 事实, 行为

feinte 伪装

figure 形象

fin 目的

finalisme 目的论

fonction 功能, 职能

fonctionnement 运行

force 力量、强力

force de travail 劳动力

forme 形式

formation sociale 社会形态

formulation 表达方式

formule 提法

fortune 运气

garantie 保证

guerre de position 阵地战

hasard 偶然（的事），偶然性

hégémonie 领导权

historicisme 历史主义

historicisme absolu 绝对历史主义

humanisme 人道主义

hypothèse 假设

idéalisme 唯心主义

idée 观念

Idée 理念

identité 同一性

idéologie 意识形态

ignorance 无知

illusion 幻象

image 意象

impérialisme 帝国主义

individu 个人

infini 无限

infrastructure 下层建筑

instance 层级

instrument 工具

intellectuel 知识分子

intelligence 智力,智慧

intérêt 利益

interprétation 解释

intervention 干预

lien 联系

lieu 场所

ligne 路线,线

limite 限制,界限

loi 法,法则

lutte 斗争

lutte de(s) classe(s) 阶级斗争

machine 机器

main-d'œuvre 劳动人手

manière 方式

manifestation 表现形式

masses 群众

matérialité 物质性

matériau 素材

maximum 最大化,最大限度

mécanisme 机制,机械论

méthode 方法

mode 方式

modèle 模型,典范

moment 环节,(时)刻

monarchie 君主制

mot d'ordre 口号

moteur 原动力

moyen 手段

moyens de production 生产资料

nation 民族

nécessité 必要性

niveau 水平,层面

noble 贵族

noblesse 贵族

notion 概念

objet 对象

objectif 目标

occasion 机遇

opération 操作

opposition 对立

oppression 压迫

organisation 组织

orientation 引导,方针

ouvrier 工人

parti 党

parti politique 政党

paradoxe 悖论

pénétration 渗透

persuasion 说服

peuple 人民

place 位置

politique 政策,政治,政治家

position 地位

pouvoir 政权,权力,力量,本领

pratique 实践,做法

prémisse 前提

préparation 准备

présence 在场

présentation 表现

pression 压制

présupposition 前提

primat 优先性

primauté 首要地位

principe 原则

procédé 手段

procès 过程

processus 进程

productivité 生产率

production 生产

produit 产品

profit 利润

proposition 命题

propriété 所有物,所有权

puissance 力量

question 问题

raison 理由, 理性

raisonnement 推理

rapport 关系, 联系

rapprochement 对比

réalité 现实

recensement 统计

reconnaissance 承认

réduction 简化

réel 实在

réflexion 反思

réforme 改革

relation 关系

rencontre 相遇

représentation 表述, 代表制

reproduction 再生产

réponse 回答

résultat 结果, 成果

revendication 请愿, 诉求

révolution 革命

révolution active 主动革命

révolution passive 被动革命

rôle 角色, 作用

ruse 诡计

savoir 知识

sécurité （安全）保障

sens 意义, 意思

situation 情况①, 局势, 境况

socialisme 社会主义

société civile 市民社会

solution 解决办法

stabilité 稳定性

stratégie 战略, 攻略②

structure 结构

substitution 置换

suite 连续性

superstructure 上层建筑

syndicat 工会

synthèse 综合

système 体系

tâche 任务

tactique 战术

tendance 趋势, 倾向

terme 项, 说法

---

① 用于"对具体情况作具体分析", 参见第 4 页, 注释③。——译注
② 参见第 104 页, 注释④。——译注

terrain 场地①

théorie 理论

thème 主题

thèse 论点

topique 地形学

totalité 总体

transformation 转变

travail 劳动,工作,研究

travailleur 劳动者

type 类型

union 联盟,结合

unité 联合,统一(性),统一体

valeur 价值,标准②,证券

variation 变异

vérité 真理

vertu 德性

vice 恶行

vie 生活

violence 暴力

vrai 真话,真

---

① 用于"变换场地",参见第 119 页,注释②。另 sur le terrain 译为"实地"。——译注

② 用于"道德标准(valeurs morales)"。

译后记

通向"具体分析"的道路：
从《怎么办?》重新认识阿尔都塞

《怎么办?》这部著作有**一种难以说明的性质**。最近十年，新的一批阿尔都塞遗稿经 G.M.戈什加林(G. M. Goshgarian)先生整理编辑，由法国大学出版社(PUF)出版，迄今刊行 6 种①，其中 5 部均由编者本人或邀请其他学者撰写长篇介绍或序言，唯独本书只有寥寥数语的"编者说明"——这一点未始与它的难以说明的性质无关。

一

本书写于 1978 年。1977 年 3 月，意大利、法国和西班牙三国

---

① 这 6 种是：《写给非哲学家的哲学入门》(*Initiation à la philosophie pour les non-philosophers*，2014 年)、《在哲学中成为马克思主义者》(*Être marxiste en philosophie*，2015 年)、《黑母牛：想象的访谈(二十二大的缺憾)》(*Les Vaches noires：interview imaginaire [le malaise du XXII Congrès]*，2016 年)、《怎么办?》(*Que faire ?*，2018 年)、《历史论集 (1963—1989)》(*Écrits sur l'histoire (1963—1989)*，2018 年)和《意识形态社会主义和科学社会主义》(*Socialisme idéologique et socialisme scientifique，et autres écrits*，2022 年)。

共产党领导人在马德里会晤,正式打出"欧洲共产主义"的旗号,阿尔都塞从这种改弦易辙底下看到了"危机"的征兆。实际上,从1976年2月法共二十二大以来,甚至从这一年1月7日法共总书记乔治·马歇接受电台采访时扬言放弃无产阶级专政开始,法共的新路线就已昭然若揭,阿尔都塞对这一路线的批评也就一发而不可收。

1976年4月23日,他在法共组织的"马克思主义思想与图书周"活动上,趁介绍自己新书《立场》的机会,首次对法共领导层放弃无产阶级专政发难,发言稿至今保存在他的档案里。7月6日,他在巴塞罗那大学作关于无产阶级专政的讲演。① 12月16日,他又在索邦大学发表关于法共二十二大的讲演,其文稿便是1977年5月在马斯佩罗出版社出版的小册子《二十二大》。整整一年后的1978年5月,他在马斯佩罗出版了第二个小册子《不能在共产党内继续下去的事情》——这是同年4月24—27日在《世界报》上连载并引起轰动的一篇长文(出版时加上了序言),对法共的政治路线、组织和意识形态作了全方位的批评。

---

① 西班牙文译本:《关于马克思主义理论与国际共产主义运动危机的若干问题》(《Algunas cuestiones de la crisis de la teoría marxista y del movimiento comunista internacional》),见阿尔都塞,《新文集(国际共产主义运动与马克思主义理论的危机)》(*Nuevos escritos〔La crisis del movimiento communista internacional frente a la teoría marxista〕*),A.罗伊斯(A. Roies Qui)译,巴塞罗那,莱娅出版社(Laia),1978年。法文本:《Un texte inédit de Louis Althusser. Conférence sur la dictature du prolétariat à Barcelone》(《路易·阿尔都塞的一篇未刊文本:在巴塞罗那关于无产阶级专政的讲演》),http://revueperiode.net/author/louis-althusser。

阿尔都塞批评法共领导层默默改变战略:在将新战略强加于党的同时,为了隐藏矛盾,不向"战士们"(法共对党员的称呼)公开解释战略转变的深层理由,使他们无法理解正在发生的事情,也无法向身边的群众解释正在发生的事情;这样的战略转变只会导致失败,而"坚持错误,虚伪地不好意思承认错误和纠正错误"(列宁语),更是一种虚弱的表现。他批评法共的结构与运行模式复制了资产阶级国家机器和军事机器的结构与运行模式,成为实行统治的等级性实体;正是这个机器导致党在关键问题上的沉默,使党内民主让位于领导层的实用主义和权威主义。他批评法共的意识形态一方面建立在"战士们"对党的信任之上,另一方面又对这种信任盘剥利用;马克思主义理论从法共内部消失了,所谓"国家垄断资本主义理论"抛弃了"对具体情况作具体分析"这个马克思主义的"活的灵魂";意识形态和理论被简化为维持某种统一的工具,最终损害了党在政治实践中与群众的联系。针对这些问题,他提出的解决办法就是要让党"走出堡垒"(一个来自马基雅维利的比喻①),到群众中去,关注人民群众的需要和首创精

① 见马基雅维利,《君主论》,潘汉典译,商务印书馆,1985 年,第 103 页:"你最好不过的堡垒就是不要被人民憎恨"(第 20 章,"堡垒以及君主们每日做的其他许多事情是有益的还是无益的")。以及阿尔都塞,《马基雅维利和我们》:"……同样众所周知的是马基雅维利对城堡或堡垒的用途作了激进的批评:它们算不上什么解决办法,因为它们是一些政治上的失误。堡垒不是建筑学的纪念碑,而是政治错误的纪念碑。铁石的城堡是危险的权宜之计。君主真正的城堡,是他的人民,是他的士兵,他的武装起来的人民。"见陈越编,《哲学与政治:阿尔都塞读本》,吉林人民出版社,2003 年,第 478 页。译文有修改。

神。他提出把马克思主义理论带回到生活中，深入批评并改革党的内部组织与运行模式，在对法国社会阶级斗争的具体情况作具体分析的基础上，制定工人阶级和民众力量建立联盟的路线和政策。

这篇文章的发表与《怎么办？》的写作是在同一年，它的内容有助于我们理解后者，尤其是其中未完成的部分。不过，随着《黑母牛：想象的访谈（二十二大的缺憾）》文稿在近年整理出版，我们得知，从 1976 年 4 月到 1978 年 5 月，阿尔都塞在两年间陆续发表的上述言论与文字，都只是他在 1976 年的某个时刻①就已经完成的这个长篇文稿的冰山一角。《二十二大》和《不能在共产党内继续下去的事情》这两个政论小册子是阿尔都塞生前在法国出版的最后两本书；但现在我们得知，《黑母牛》，这部从写作到面世相隔 40 年的长篇著作，才构成了他的**政论写作的顶点**。

然而，正如戈什加林指出的那样，阿尔都塞在政论写作中思考的主题，尤其是关于阶级专政的主题，也以更严格的理论形式出现在他同一时期的哲学写作中——从 1976 年的《在哲学中成为马克思主义者》到 1978 年的《局限中的马克思》，而后者更是他"对国家和阶级统治问题进行反思的顶点"②。现在我们同样得知，从 1976 年到 1978 年，除了《在哲学中成为马克思主义者》和《局限中的马克思》这两个长篇外还写出了《哲学的改造》《论马

---

① 关于《黑母牛》写作时间的推定和疑问，参见戈什加林，"编者说明"，见阿尔都塞，《黑母牛》(*Les Vaches noires*)，巴黎，法国大学出版社，2016 年，第 13—23 页。本文凡援引该书，均采用吴子枫译文。

② 戈什加林，"编者说明"，同上，第 29 页。

克思与弗洛伊德》《马基雅维利的孤独》和《写给非哲学家的哲学入门》（又一个长篇）等文本的阿尔都塞，也达到了他的**哲学写作的顶点**。

《怎么办？》作为这一时期的第五个长篇，就在阿尔都塞的哲学写作与政论写作之间，尤其是在两者的顶点之间，占据着**某个位置**。想要说明这部著作的性质，就要说明这个位置的特点。

二

在《黑母牛》中，阿尔都塞以充分的论证表明，他对法共新路线的批评并非出于单纯的政治理念之争。他把"二十二大的缺憾"归结为领导层没有把党的路线或战略的制定建立在"对具体情况作具体分析"之上①，并一再强调列宁这个著名提法的"生死攸关的必要性"：

> 如果不对具体情况作具体分析，就不是马克思主义者。而如果不是马克思主义者，那就不是共产党人。这并不意味着我们不能斗争，以至于不能自称革命者。这

---

① "黑母牛"出自欧洲谚语"在夜里，所有母牛都是黑色的"。黑格尔曾引用这个谚语："……它的绝对者是一个黑夜，在其中，就像人们惯常说的那样，所有母牛都是黑的。这样一种知识是缺乏认识的幼稚表现。"见黑格尔，《精神现象学》，先刚译，人民出版社，2013 年，第 10 页。阿尔都塞以"黑母牛"命名这部手稿是要说明：如果不对具体情况作具体分析，那么一切就都像黑夜里黑色的母牛那样得不到认识。

意味着我们将投入盲目的斗争,而这种斗争不会通向革命的胜利。

一切都取决于对具体情况作具体分析······①

但在第一时间阅读这部手稿后,艾蒂安·巴利巴尔提出:因为作者是以普通基层党员的身份虚构了一份"自我访谈"来谈论党的决策,所以不得不"把自己放在'假设知道'的位置上",这使他难以避免一些弱点,以致"鼓吹具体分析却未提供具体分析"②。两年后,似乎是为了回应巴利巴尔的批评,"对具体情况作具体分析"成为《怎么办?》这部新手稿的真正主题。不过,为了说明这一点,我们首先应追寻"对具体情况作具体分析"在阿尔都塞著作中留下的线索。

实际上,在我们目前讨论的时期(1976—1978年)之前,这个提法在他的文本中很少出现。在《矛盾与过度决定》(1962年,收入《保卫马克思》)、《哲学和科学家的自发哲学》(1967年)、《列宁和哲学》(1968年)、《列宁在黑格尔面前》(1969年)和《帝国主义论稿》(1973年,收入《历史论集》)这些集中论述列宁的文本中,这个提法根本没有出现。

在1965年出版的《保卫马克思》和《阅读〈资本论〉》里,各有

---

① 阿尔都塞,《黑母牛》,前引,第318,322页。同样的表述也出现在《怎么办?》中:"那么,一切都取决于对工人与民众的阶级斗争——在同资产阶级的阶级斗争的对抗中——的当前倾向这一'**具体情况作具体分析**'······"见本书,第6页。

② 戈什加林,"编者说明",见阿尔都塞,《黑母牛》,前引,第9—10页。

一处出现了这个提法,但都属于**侧面**提及。一处是在《关于唯物辩证法》(1963 年)里论述"条件"概念①,另一处是在"《资本论》的对象"这一部分论述历史理论的概念及其对象②。两处表达了同样的意思,即这些概念都"不是经验概念,不是对存在着的东西的确认",而是"建立在对象本质自身基础上的**理论**概念——一个总是已经被给予的复杂整体"③。因此,两处也带有同样的目标,即对关于"具体"的"经验主义意识形态"的批判。

　　尽管"对具体情况作具体分析"在《保卫马克思》和《阅读〈资本论〉》中很少出现,但我们知道,在这些著作中并不缺少关于"局势"④("形势""目前时刻""最薄弱环节"等)"分析"的论述,尤其是以列宁的分析为典范;并不缺少关于在这种分析中"以实践状态存在"的马克思主义**理论**的论述。同样,在这些著作中也不缺

---

　　① "当列宁说'马克思主义的活的灵魂:对具体情况作具体分析'时,当马克思、恩格斯、列宁、斯大林、毛泽东解释'一切决定于条件'时,当列宁描述 1917 年俄国特有的'环境'时,当马克思(和整个马克思主义传统)用无数例子解释在各种情况下这样或那样的矛盾占支配地位时,他们都用了一个可能看上去是**经验的**概念——'条件'……"见阿尔都塞,《保卫马克思》,顾良译,商务印书馆,2010 年,第 202 页。译文有修改。

　　② "历史理论同样是在研究实在具体的历史产生的原料的过程中形成和发展的,并且它也同样在'具体情况'的'具体分析'中得以实现。全部误解就在于认为历史几乎只是以这第二种形式,作为一种理论的'应用'而存在……"见阿尔都塞、巴利巴尔,《读〈资本论〉》,李其庆、冯文光译,中央编译出版社,2001 年,第 123 页。译文有修改。

　　③ 阿尔都塞,《保卫马克思》,顾良译,前引,第 202 页。译文有修改。

　　④ 法文的"局势"即在"对具体情况作具体分析(l'analyse concrète de la situation concrète)"中译为"情况"的 situation 一词。

少对"具体"在"**理论实践**"中的理论生产特性的强调,①特别是将这个"具体"代入马克思关于"从抽象上升到具体"的公式中去讨论。阿尔都塞"使用了、大概也是强用了马克思的一小段文本","从中得出直观和表象是被马克思当作抽象来看待的结论"②,从而论述了一个类似于劳动过程的"认识过程"或"理论实践进程":用理论工具("一般性乙")对理论原料("一般性甲")进行加工,生产出理论产品("一般性丙",即马克思所谓"思想总体-思想具体");论述了这个"思想具体"作为"复杂整体"(马克思所谓

---

① 这一论点可以追溯到阿尔都塞作为哲学家所写的最早的文本,如1955 年的《论历史的客观性(致保罗·利科的信)》[《Sur l'objectivité de l'histoire(Lettre à Paul Ricœur)》]:"……科学的**实践归宿**:科学从直接性出发,进而上升到一般性、法则,只是为了回到具体,而这个具体并非直接性的复本,而是对于它的能动的理解。"见阿尔都塞,《马基雅维利的孤独》(*Solitude de Machiavel*),巴黎,法国大学出版社,1998 年,第 31 页。

② 阿尔都塞,《在哲学中成为马克思主义者容易吗?》(即《亚眠答辩》),见陈越编,《哲学与政治:阿尔都塞读本》,前引,第 200—201 页。译文有修改。参见马克思,《〈政治经济学批判〉导言》:"从实在和具体开始……似乎是正确的。但是,更仔细地考察起来,这是错误的……后一种显然是科学上正确的方法。具体之所以是具体,因为它是许多规定的综合,因而是多样性的统一。因此它在思维中表现为综合的过程,表现为结果,而不是表现为起点……抽象的规定在思维行程中导致具体的再现……从抽象上升到具体的方法,只是思维用来掌握具体、把它当作一个精神上的具体再现出来的方式。但绝不是具体本身的产生过程……具体总体作为思想总体、作为思想具体……是把直观和表象加工成概念这一过程的产物。"《马克思恩格斯选集》,第 2 卷,人民出版社,1995 年,第 17—19 页。

"许多规定的综合"①)的理论特性;论述了"思想具体"与"实在具体"的不同:由于实在具体"在头脑之外保持着它的独立性"(马克思语),因而在思维行程中"必须从抽象出发",达到思想具体;论述了实为"抽象"的经验主义伪"具体"所带有的"意识形态神话"……这些论述都属于由《保卫马克思》和《阅读〈资本论〉》所塑造并为人们所熟悉的"阿尔都塞主义理论"的核心内容。

那么,我们是否可以说,"对具体情况作具体分析"之所以很少出现在由这些论述构成的理论框架中,只是因为它在那里早已有了一个**自明的**位置,以至于我们凭借一种理论的内部逻辑,甚至一些词语的关联,就可以**先天地**为它指定这个位置呢?这种危险是存在的。不久后,阿尔都塞自己便把这种危险命名为他的"理论主义倾向(tendance théoriciste)"②。这种倾向的顶点就是把哲学定义为"理论实践的理论",把它从与政治实践的关系中剥离出来,使"理论实践"构成一个自足的循环。于是,"对具体情况作具体分析"便会不言自明地出现(或隐藏)在这个从抽象到具体的"理论实践进程"的终点。

然而,如果打破这个循环,用"关于阶级斗争规律的科学"③

① "这种'许多规定的综合',就是马克思正确地称之为具体的东西,重要的是对它进行'分析'。"阿尔都塞,《黑母牛》,前引,第90页。

② 有时也称作"理论主义偏向(déviation théoriciste)"。

③ 阿尔都塞在1976以后使用的对历史唯物主义"最简洁也最正确的""定义"和代称。参见《在哲学中成为马克思主义者》,吴子枫译,北京出版社,2022年,第272页。译文有修改。

去认识哲学，就像阿尔都塞在对"理论主义倾向"的"自我批评"中所做的那样，把哲学重新定义为"理论中的阶级斗争"，从而向理论揭示出它有一个叫作实践的外部，以及这个外部对于它的优先性，那么，人们便会认识到：理论只是在与实践相结合的进程中，换言之，在对阻碍这种结合的无穷现实难题的克服中，才有资格被称为"理论实践"。于是，"对具体情况作具体分析"就不再有一个单纯由"理论实践进程"所规定的自明的位置。它的位置**将由理论与实践相结合的进程**所规定，将受到这一进程中各种矛盾和关系的"过度决定"。

这是一个仍被阿尔都塞付诸沉默的位置，因为只要实践还没有张嘴说话，理论就不得不保持沉默。而对这种沉默的认识，就构成了阿尔都塞**自我批评的开端**。

三

1966 年 6 月 26 日，在从《保卫马克思》和《阅读〈资本论〉》出版后的一次精神危机中恢复过来，又经历了法共阿让特伊会议（1966 年 3 月）的党内批评之后，阿尔都塞在高师召集了一次会议，作了题为《哲学的形势和马克思主义理论研究》的报告。事隔 10 年之后，巴利巴尔在就"具体分析"问题对《黑母牛》提出批评时，不知是否想到他曾亲耳聆听阿尔都塞在这个报告里说过的一段话：

> 我忘了谈论一个极为重要的问题，这个问题我们可以暂且称之为**经验认识的问题**。例如，列宁说过，马克思主义的灵魂就是"**对具体情况作具体分析**"。我既没

有制订关于这个提法的理论，也没有给出这种理论的大致轮廓。我不是说我所写的东西妨碍我制订这样的理论，但是关于经验认识的理论的**不在场**，像所有不在场那样，甚至会在在场的东西即说过的东西内部，造成一种歪曲和移置的后果。对此我们可以换一种方式来说：径直强调理论和理论实践的特性，这样会在写过的东西中导致**一些**(令人尴尬的)**沉默**，甚至一些**含糊不清**之处。①

显然，"对具体情况作具体分析"的这次出现有着不同寻常的意义。这是它在阿尔都塞文本中第一次得到**正面**论述，但作为一个"不在场"的对象，又具有一种**否定的**(自我批评的)形式。阿尔都塞接着预告说，他"正试图写点东西来弥补这个空白"，据弗朗索瓦·马特龙所说，这大概指的是"他最终没有完成的关于理论与实践相结合的作品(1966—1967年)"②。直到1967年10月，当阿尔都塞在为《保卫马克思》外文版写的《致读者》中"以'自我批评'的名义"指出书中存在的"一些沉默或半沉默"时，被他摆在首位的仍是这个尚未弥补的空白：

---

① 阿尔都塞，《哲学的形势和马克思主义理论研究》(《Conjoncture philosophique et recherche théorique marxiste》)，《哲学与政治文集》第2卷，(*Écrits philosophiques et politiques*, II)，巴黎，斯托克出版社/现代出版纪念研究所(Stock /IMEC)，1995年，第408页。

② 同上，第408，414页。

　　尽管我突显了**理论**对于革命实践的生死攸关的必要性，尽管我因此揭露了各种形式的经验主义，但我并没有探讨"理论与实践相结合"的难题，而它在马克思列宁主义传统中扮演着至关重要的角色。我大概谈到了"理论实践"中的理论与实践相结合，但我还没有触及**政治实践**中的理论与实践相结合的问题。我再说得明确点。我没有考察这种结合的一般历史存在形式——马克思主义理论和**工人运动**的"融合"。我没有考察这种"融合"的**各种具体存在形式**（各种阶级－工会斗争的组织、这些组织指导阶级斗争的政党手段和方法，等等）。我没有确定马克思主义理论在这些具体存在形式中的功能、地位和角色：马克思主义理论在何处以及怎样干预到政治实践的发展中，政治实践又在何处以及怎样干预到马克思主义理论的发展中。①

　　这篇《致读者》与同年为《阅读〈资本论〉》意大利文版（后来也用于法文版和其他外文版）所写的另一篇更简略的《致读者》一道，公开承认了这两部著作中的"理论主义倾向"，通常被视为阿尔都塞自我批评的开端。不过，我们现在有理由把这个开端提前到 1966 年的《哲学的形势和马克思主义理论研究》，不仅因为时隔近 30 年之久才得以出版的这个讲稿已经包含了《致读者》中自

------

　　① 阿尔都塞，《保卫马克思》，顾良译，前引，第 253—254 页。译文有修改。

我批评的要点①，而且——对于我们目前的讨论来说更重要的是——因为它明确地把**"对具体情况作具体分析"引入自我批评的中心**，从而有助于我们沿着这条隐藏在阿尔都塞文本中的线索，更深入地理解这一自我批评的构成和后果。进而，我们有理由把这个开端视为一个从 1966 年到 1967 年逐渐形成的"认识过程"（借用阿尔都塞自己的概念），在这个过程中，他对先前著作中的"沉默或半沉默"的认识逐渐从抽象上升到具体，逐渐被"加工成概念"（马克思语）。当然，这个作为开端的认识过程只是一个更大的认识过程——**自我批评过程**——本身的一部分。

　　实际上，1966—1967 年（延伸到 1968 年 2 月的《列宁和哲学》）是阿尔都塞在其写作生涯中堪与 1976—1978 年相比拟的另一个高产期。这两个高产期长久以来并不为人所知，只是随着其间绝大多数文稿在作者身后被整理出版，才开始进入人们的视野，但它们表现出来的惊人爆发力与阿尔都塞自我批评的关系尚未得到足够的重视。相比起来，第一个时期更容易被 1965 年耀眼的光辉所遮蔽。他在这两年里写出的诸如《话语理论笔记三则》《论"社会契约"：错位种种》《意识形态社会主义和科学社会主义》《论费尔巴哈》《马克思主义哲学的历史任务》《人道主义之争》《哲学和科学家的自发哲学》《哲学笔记》等中、长篇文本，以

---

　　①《致读者》"以'自我批评'的名义"指出在《保卫马克思》中被忽视的两个主要问题——理论与实践相结合的问题、哲学与科学的区别（在于哲学与政治的有机联系）的问题，在《哲学的形势和马克思主义理论研究》中已经提出，分别被表述为"经验认识的问题"和"马克思主义科学与马克思主义哲学特有的理论身份差异的问题"。

及包括《哲学的形势和马克思主义理论研究》在内的一批关于马克思主义理论、哲学与政治、艺术、精神分析、结构主义和中国"文革"的文章，都带有某种过渡、尝试、规划和游移不定的特征，反映着这个自我批评的开端作为一个认识过程的紧张、亢奋、广度和深度。

我们目前仅限于沿着"对具体情况作具体分析"的线索，指出一篇题为《论理论劳动：困难与资源》的文章在这个自我批评开端上的重要性。这篇几乎被人遗忘的文章写于 1966 年 12 月，发表于次年 3—4 月号《思想》杂志。与同年所写的另外几篇文章一样，它并未摆脱"理论主义倾向"，所以被阿尔都塞本人称为"蹩脚的"①。但值得注意的是，不同于《保卫马克思》和《阅读〈资本论〉》把"经验概念"从"具体"或"具体分析"中断然排除出去的做法，这篇文章在坚持与经验主义划清界限的前提下，通过对"经验概念"的重新"加工"②，承认了它在理论生产实践中应有的位置：

> ……经验概念给严格意义上的理论概念增添了某种本质性的东西：恰恰是对具体对象的（严格意义上的）存在的规定……它们的确表达了一种绝对的要求，即任何具体认识都不能没有观察、经验，因而还有它们所提

① 阿尔都塞，《事实》（1976 年），见《来日方长：阿尔都塞自传》，蔡鸿滨译，陈越校，上海人民出版社，2013 年，第 370 页。

② 与在《哲学的形势和马克思主义理论研究》里提出"经验认识"时一样，阿尔都塞在这里仍慎重表示，"经验概念"只是一个"暂且"使用的表述，有待替换或修正，以避免（与经验主义有关的）"含糊不清"。

供的材料(这是与马克思、恩格斯和列宁依据"事实"进
行的巨量经验研究,与所有伟大的工人运动领袖在"对
具体情况作具体分析"的任何时候都必须进行的具体调
查研究相一致的方面),但同时,它们又不能简化为直接
经验调查所提供的纯材料。①

　　不同于在《保卫马克思》和《阅读〈资本论〉》中仅仅强调"具
体"的"理论概念"特性,阿尔都塞在这篇文章中把马克思关于
"具体"所说的"许多规定的综合"明确定义为"认识的两类要素
(或规定)的正确结合−汇合"②,即**理论概念与经验概念的结合**。
理论概念是关于抽象−形式对象(如马克思主义理论中的"生产方
式""资本主义生产方式""社会形态""阶级斗争"等)的认识。它
们并不为我们提供关于具体对象的具体认识,但对于这种具体认
识的生产来说又是必不可少的。经验概念关乎实在−具体对象的
独特性的规定(如1917年俄国或1966年法国的资本主义社会及
其阶级斗争的"形势"或"具体情况"),但它们并不是现实的纯粹
给定物,不是对现实的单纯描摹或直接阅读,而是一个复杂的**认
识过程的结果**,包含了若干层次或程度的理论加工。换言之,阿
尔都塞把"从抽象上升到具体"的过程重新定义为:经验所提供的
素材和原料经由理论概念的干预或加工而被转化为经验概念的

---

　　① 阿尔都塞,《论理论劳动:困难与资源》(«Sur le travail théorique.
Difficultés et ressources»),见阿尔都塞《思想》杂志文选 *PenseR Althusser*,巴黎,
樱桃时节出版社(Le temps des cerises),2006年,第39页。

　　② 同上,第37页。

过程,而"'对具体情况作具体分析'则为我们提供了这种加工劳动的例证"①。

"一切理论话语存在的终极理由都是关于特殊的实在具体对象的'具体'认识。"②这种具体认识作为理论概念与经验概念的结合,并不是两个彼此外在的东西的结合,而是"与被加工了的经验概念相结合的、必要的(严格意义上的)理论概念的综合"③。"具体"需要理论来把握,但理论通向"具体"的道路也需要经验概念来开辟。就像马克思说剩余价值在现实生产中得到"实现"那样,经验概念也在关于具体对象的具体认识的生产中"实现"了理论概念(这种实现,正如马克思早就指出的,当然不是那种黑格尔式的"幻觉"——理念在实在具体中神秘的、思辨的"实现")。

把关乎实在–具体对象的经验概念放到认识过程的**结果**或理论劳动的**实现**的位置上,意味着在理论自身中"**确保实践对于理论的优先性**"④,意味着阿尔都塞在对"理论主义倾向"的自我批评中,向"马克思主义的活的灵魂:对具体情况作具体分析"发出的召唤。

四

似乎是为了回应巴利巴尔对《黑母牛》的批评,阿尔都塞在

---

① 阿尔都塞,《论理论劳动:困难与资源》,见 *PenseR Althusser*,前引,第40页,注释⑪。

② 同上,第37页。

③ 同上,第40页。

④ 阿尔都塞,《在哲学中成为马克思主义者》,吴子枫译,前引,第171,259页。

《怎么办?》开篇就展示了他"对具体情况作具体分析"的方法。在对法共组织的声势浩大的"社会调查"随手一击之后,他借意大利电视台对阿尔法·罗密欧汽车厂工人的现场采访,对于"是什么**决定**着在阿尔法·罗密欧发生的事情"①展开具体分析。这一分析令人信服地说明了资本对汽车部门的投资(开发了大量的、为大众的汽车生产)在资产阶级的阶级斗争战略整体中的地位。

　　这一具体分析向我们展示了他在"经验认识"方面的推进——不只是一位哲学家对资本主义汽车工业生产的经验认识,而且归根到底是**对阶级斗争的经验认识**。正如在对决中才能认识一场足球赛,也只有在阶级斗争的对抗中才能认识各阶级和它们的命运。所以"一切都取决于对工人与民众的阶级斗争——在同资产阶级的阶级斗争的对抗中——的当前倾向这一'**具体情况作具体分析**',因而取决于对这种**对抗**作具体分析"②。这种分析表明,只有在超出劳动者"自觉/自我意识(conscience de soi)"并支配着与工人的阶级斗争相对抗的"**资产阶级的阶级斗争**具体形式和具体手段的全部体系的整体"③中,也就是在马克思所说的作为"许多规定的综合"的"思想具体"中,才能认识在阿尔法·罗密欧或帝国主义资本主义的任何一个生产部门里发生的事情。"倾向(tendance)"和"对抗(antagonisme)"这两个在《怎么办?》中一开始便出现的字眼,与列宁文章中的"目前时刻"和"局势"一样,在对具体情况作具体分析中发挥了"经验概念"的作用。

---

① 见本书,第 13 页。

② 见本书,第 6 页。

③ 见本书,第 19 页。

在《自我批评材料》(1972年写作,1974年出版)中,阿尔都塞曾谈到"倾向"概念的"奇特身份":它不仅说明了一个过程中的内在**矛盾**,以及矛盾对结构的优先性(阿尔都塞借此反驳了把他的理论视为"结构主义"的指责),而且说明了"另一件在政治上和哲学上都远为重要的事情:使马克思主义科学成为一门**革命的**科学的那种独特的、绝无仅有的身份"①。这种科学谈论"哲学中的倾向",在与阶级斗争的关系中,而不是在真理/谬误的"理论主义"(思辨理性主义)对立中②,去认识哲学的存在和发展。所以他明确承认:由于"我们"在1965年还不懂得这一点③,因而不懂得"阶级斗争在马克思的哲学以及《资本论》本身的概念配置中发挥的作用",以至于"在《保卫马克思》和《阅读〈资本论〉》中几乎没有谈论**就其本身而言**的阶级斗争……自然也没有谈论理论中的阶级立场(这大概是这些关于马克思主义**哲学**的论著中最严重的缺点)"。④

---

① 阿尔都塞,《自我批评材料》(*Éléments d'autocritique*),巴黎,阿歇特出版社(Hachette),1974年,第64页。

② "……理论主义意味着:理论对实践的优先性;片面强调理论;更确切地说,**思辨理性主义**。……在真理/谬误的对立中思考,的确是**理性主义**。但想要在一种关于科学和意识形态及其差异的一般理论中思考被掌握的真理/被抛弃的谬误的对立,这就是**思辨**。"同上,第51页,注释①。

③ 阿尔都塞在《"论青年马克思"》(1960年)一文中,就曾批评拉宾使用的"倾向"概念对于描述马克思的思想发展"经验"来说"太大太抽象",因而拒绝接受这个概念。见《保卫马克思》,顾良译,前引,第66页,注释①。译文有修改。

④ 阿尔都塞,《自我批评材料》,前引,第64,94页。

通过追寻"对具体情况作具体分析"在阿尔都塞文本中留下的线索,我们可以在具体分析与对阶级斗争的经验认识之间看到一种**等价关系**:"对具体情况作具体分析"在《保卫马克思》和《阅读〈资本论〉》中的"不在场"是阶级斗争在这些文本中不在场的另一种表现,而阿尔都塞对"理论主义倾向"的自我批评过程同时也开辟了一条**通向"具体分析"**的道路。

这种关系也有助于我们理解,为什么在1966—1967年这个自我批评的开端之后,阿尔都塞对于"对具体情况作具体分析"仍旧保持沉默。直到1975年6月,他在《亚眠答辩》中回顾自己关于"认识过程"的论点时才又提到:

> 重要的是提醒:如果正像列宁所说,"马克思主义的活的灵魂是对具体情况作具体分析",那么对具体的认识就不是出现在开端,而是出现**在分析的尽头**……①

时间是否为这个"提醒"平添了一层饱含个人经验的深长意味呢?在晚年的自传《来日方长》里,阿尔都塞谈到他在《保卫马克思》和《阅读〈资本论〉》出版后经历的精神危机:"我感觉自己是一个鲁莽从事与马克思本身完全无关的、任意的体系构造的'哲学家'。"②他谈到《列宁和哲学》在法国哲学学会引起的"小小的众怒"。他谈到"孤独",既谈到"最伟大的哲学家都是天生没

---

① 陈越编,《哲学与政治:阿尔都塞读本》,前引,第205页。译文有修改。

② 阿尔都塞,《来日方长:阿尔都塞自传》,蔡鸿滨译,陈越校,前引,第155页。

有父亲的"，"在哲学上我也必须成为自己的父亲"，也谈到"一个共产党人绝不会是独自一人"。① 他谈到在党内的"干预"、分歧、不满和孤立，谈到朗西埃等人对他留在党内的指责，但他的回答是："在党外，没有相当长时间的党内实践经验，就不能对党有真实的看法。""你知道还有什么地方……可以使它们的战士获得任何类似的经验，能够和共产党给入过党或留在党内的战士提供的关于阶级斗争的政治和意识形态方面的社会经验相比呢？"②……掩盖在"经验概念"这个称呼的平静外表之下的，是一个哲学家-战士在自己身上验证"理论与实践相结合"的痛苦过程。

如果我们可以为这个过程指出一个开端——自我批评的开端，那么何处才是它的"尽头"或终点呢？《亚眠答辩》在 1975 年 9—10 月号《思想》杂志上发表时有一个新的标题：《在哲学中成为马克思主义者容易吗？》。我们不妨把它理解为阿尔都塞向自己提出了这个问题。答案其实不难得出。他三年前就曾写道："是的，我已经……非常具体地验证了在哲学中成为马克思主义者绝非易事。"③《亚眠答辩》实际上揭开了 1976—1978 年高产期的序幕，"对具体情况作具体分析"似乎也就此迎来了一个属于它自己的时刻——它大量出现在《黑母牛》和未完成的《怎么办？》中。但接踵而来的低谷和个人悲剧却让这个时期在顶点上戛然而止，《怎么办？》也就成为他在悲剧发生前所写的最后一部长篇

---

① 参见陈越，《阿尔都塞和孤独》，《读书》，2022 年第 8 期。

② 阿尔都塞，《来日方长：阿尔都塞自传》，蔡鸿滨译，陈越校，前引，第 248，254 页。

③ 阿尔都塞，《自我批评材料》，前引，第 67 页。

文稿。在写于 1985 年的《来日方长》里,原本有二十来页打字稿
是对法国和西方当代阶级斗争的政治与意识形态形势作出的观
察和分析①,被阿尔都塞连同谈论斯宾诺莎和马基雅维利的两章
一起抽出,放进了一个名为"唯一的唯物主义传统"的文件夹。他
给这一部分匆忙地写下一个标题:《政治局势:具体分析?》②。与
其说这是"具体分析"的线索在阿尔都塞文本中最后一次闪现,不
如说是它又一次预告自己的到来。但这个预告连同它的问号一
起,都永远封存在那个文件夹里了。

如果"在哲学中成为马克思主义者"就意味着放弃理论上的
循环、自足或心安理得("理论主义"),投身于群众实践的历史,
那么历史本身就会告诉我们什么是一个"没有终点的过程"③。

五

我们回到阿尔都塞写作《黑母牛》和《怎么办?》的时期,作
一些更细致的探究。值得注意的是,在这两部著作中占重要地
位的"对具体情况作具体分析"却很少出现在他同时期的哲学
写作中。既然《黑母牛》已断言"如果不对具体情况作具体分
析,就不是马克思主义者",那为什么《在哲学中成为马克思主

---

① 原为《来日方长》第 19 章后半部分,这一章的主题是谈论政治和党内
生活(包括回答朗西埃的指责)。

② 作为附录收入《来日方长》增订版(巴黎,斯托克出版社／现代出版纪
念研究所,2007 年)。

③ 在阿尔都塞的著名论点"历史是一个没有主体和目的的过程(un
procès sans sujet ni fin)"里,"目的(fin)"一词也有"终点"的意思。

义者》又对这个问题缄口不提呢（在《局限中的马克思》和《写给非哲学家的哲学入门》里各提及一次）？同样，在《怎么办？》里，阿尔都塞宣称"**具体分析和马克思主义理论……完全是一回事**"，但随即补充道："唯一不同的是对象的**范围**"①——这又是什么意思呢？

　　我们也许可以从那篇《论理论劳动：困难与资源》里找到答案。理论概念是关于抽象-形式对象的认识，理论概念与经验概念的"正确结合"才是关于具体-实在对象的具体认识。基于此，阿尔都塞指出，如果我们在一般意义上所说的"理论话语"指的是所有能够生产出关于一个"对象"的认识的话语，那么这个"对象"可以是抽象-形式对象，也可以是具体-实在对象。他建议把只生产关于前一种对象的认识的话语叫作"**严格意义上的理论话语或理论**"②。这种"理论"并不生产关于具体-实在对象的具体认识，但它通过生产关于抽象-形式对象的认识，也就是说，通过生产能够认识这种对象的理论概念，通过在概念体系的必然性或内在关系中发展出这些概念的"全部后果，即全部财富"，**为具体认识提供必不可少的理论工具**。马克思的《资本论》就是这样。"正是因为马克思从事了这一严格意义上的理论劳动，生产出关于资本主义生产方式这个抽象-形式对象以及它的全部'形式'和后果的认识，我们才能认识在那些实在对象中——在资本主义生

----

　　① 见本书，第9—10页。

　　② 阿尔都塞，《论理论劳动：困难与资源》，见 *PenseR Althusser*，前引，第41页。

产方式下的那些社会形态中——发生的事情。"①我们可以说,阿尔都塞的哲学写作也是这样。正是因为他在那里对"马克思主义的哲学实践""关于阶级斗争规律的科学""国家和阶级专政""意识形态一般"等抽象-形式对象进行认识,在"严格意义上的理论劳动"中努力发展出它们的概念的全部"形式"和后果,才能为具体认识(即对当代阶级斗争的具体情况作具体分析)提供理论工具——就像他在《自我批评材料》中所说的,"具体现实只有通过抽象的这种**迂回**才能被把握"②。

关于抽象-形式对象的认识并不是"纯粹"观念的思辨和沉思。它不是"从天上掉下来的",不是来自抽象的"人类精神"。作为理论概念,它是理论劳动的产品,依存于自身之外的物质实践,并在自身之内包含着来自这些实践的难题性;而它回报实践的方式就是在关于具体现实的具体认识中——在与经验概念的结合中——发挥理论工具的干预作用。一切理论都是如此,不同的只是它们面对这个事实所采取的立场。如果说苏格拉底以来的哲学都建立在"只有概念知识才是真知识"的信念之上,如果说这个信念可以轻而易举地通向认为"只有概念存在才是真实存在"的柏拉图唯心主义③,那么,阿尔都塞通过坚持如下唯物主义的前提,即"在对象这个词的严格意义上,只有特殊的实在具体对象才是存在的……一切理论话语存在的终极理由都是关于特殊

---

① 阿尔都塞,《论理论劳动:困难与资源》,见 *PenseR Althusser*,前引,第 43 页。

② 阿尔都塞,《自我批评材料》,前引,第 62 页。

③ 爱德华·策勒,《古希腊哲学史》,第 1 卷,聂敏里等译,人民出版社,2020 年,第 114 页。

的实在具体对象的'具体'认识"①,也可以迫使对概念知识的哲学信念转向他所说的马克思主义的"**新的哲学实践**"。这种哲学实践"拒绝把哲学当作'哲学'来生产"②,就是因为哲学总是用它的理论概念及其"体系"去掩盖或替代具体-实在对象的存在,从而服务于"解释世界"——即"克服一切矛盾"(恩格斯语)、"使现存事物显得光彩"(马克思语)——的需要。相反,阿尔都塞之所以致力于思考"哲学一方面与诸科学、另一方面与政治的双重关系",就是因为这种双重关系作为一切哲学的存在条件,作为一切哲学无论自觉与否都要加以理论干预的具体对象的领域,"为走出'哲学的循环'提供了一条出路"③。换言之,哲学实践存在于哲学与诸科学和政治的双重关系中,对这种双重关系的思考和对"理论与实践相结合"的思考是他的自我批评的一体两面。

在《保卫马克思》和《阅读〈资本论〉》里,阿尔都塞就喜欢谈论马克思主义哲学"以实践状态"的存在,即存在于马克思主义的**科学实践**(如马克思的《资本论》)和**政治实践**(如列宁的"局势分析")中。不过,那时他谈论这种"**实践的存在**",是为了给它赋予"**必不可少的理论的存在形式**"④,是为了把实践认识提高到理论

① 阿尔都塞,《论理论劳动:困难与资源》,见 *PenseR Althusser*,前引,第37页。

② 阿尔都塞,《哲学的改造》,见陈越编,《哲学与政治:阿尔都塞读本》,前引,第249页。

③ 戈什加林,"法文版序",见阿尔都塞,《在哲学中成为马克思主义者》,吴子枫译,前引,第16页。

④ 阿尔都塞、巴利巴尔,《读〈资本论〉》,李其庆、冯文光译,前引,第26页。译文有修改。

认识即哲学认识。在《论理论劳动：困难与资源》里，他一方面不得不沿用"以实践状态"来表述马克思主义的理论"资源"的存在，另一方面指出"这个表述不应误导我们"：说马克思主义哲学"以实践状态"存在于《资本论》中，指的是哲学在理论实践中的存在方式，说到底是**一种理论的存在方式**；而哲学在马克思主义理论与工人运动相结合的政治实践中的存在才是通常意义上的**实践的存在方式**。① 换言之，**理论实践与政治实践的关系，说到底是理论与实践的关系**。这可以解释阿尔都塞为什么只愿意承认《资本论》的理论实践是对抽象-形式对象的认识，是为具体认识提供理论工具。"理论与实践相结合"无法在"理论实践"的自足的循环中完成，只能在理论实践与政治实践的结合中实现（正如具体认识是理论概念与经验概念的结合），而阿尔都塞的自我批评也就意味着从仅仅谈论"'理论实践'中的理论与实践相结合"转向"**政治实践中的理论与实践相结合**"②。在马克思主义革命政党的政治实践中，在马克思的历史著作（如《路易·波拿巴的雾月十八日》）、列宁的历史分析（如《俄国资本主义的发展》）和政治分析（《怎么办？》和写于 1917—1922 年的那些文章）、毛泽东对矛盾的分析等文本中，甚至在马基雅维利的政治"战略"或斯宾诺莎的"第三种认识"中，阿尔都塞发现了真正的关于具体-实在对象的具体认识，即作为政治实践中的理论干预形式、作为**一种政治实践形式**的"对具体情况作具体分析"。

---

① 阿尔都塞，《论理论劳动：困难与资源》，见 *PenseR Althusser*，前引，第 52 页。

② 参见上文第 190 页所引《致读者》。

对"具体分析"的推崇,无非是强调了马克思主义早已深深懂得的"实践对于理论的优先性":"它首先意味着**实践认识对于理论认识的优先性**"①,即理论只有在"掌握群众""改变世界"(**改造具体-实在对象**)的过程中,才能**认识**具体-实在对象。因此,在哲学与诸科学和政治的双重关系中,"政治功能代表其本质的规定性"②——作为一种"哲学实践"的规定性。

阿尔都塞的政论写作便试图站在与那些被他视为典范的文本相同的位置上,即与严格意义上的马克思主义理论话语相区别的**"对具体情况作具体分析"**的位置上。这正是他在为《保卫马克思》写的《致读者》中宣告要去寻找的位置——马克思主义理论与政治实践在这里实现了相互的"干预"和"融合"。③ 而"具体分析"之所以没有出现在同时期的哲学写作中,是因为在那里没有提出这个任务——那里要做的只是为这个任务提供理论工具。

六

我们几乎不需要再论证,占据这个"具体分析"的位置是一件多么困难的事情。相比巴利巴尔对《黑母牛》的批评,阿尔都塞的回应更能说明问题:"这种反对有点过于容易了。它无异于要我,由我独自一人,去取代党或党的代表大会。"④"因为代表大会中

---

① 阿尔都塞,《在哲学中成为马克思主义者》,吴子枫译,前引,第171页。

② 同上,第291—292页。

③ 参见上文第190页所引《致读者》。

④ 戈什加林,"编者说明",见阿尔都塞,《黑母牛》,前引,第10页。

那些代表的作用和优势,就在于能够通过他们的聚会本身,打破共产主义战士的孤立状态造成的后果,交流各自的斗争经验,在我们党的科学理论的基础上,对那些经验进行对比和分析。"①"对具体情况作具体分析"需要在群众和组织的实践中打破个人的孤立状态,以获取最大程度的"经验认识"。但这并不是事情的全部:困难还在于"理论与实践相结合"的另一方,在于为具体认识提供理论工具,因为"具体现实只有通过抽象的这种**迂回**才能被把握"。

就像马克思和列宁在其理论与政治实践的关键时刻都从黑格尔那里"迂回"那样,阿尔都塞在其理论生涯的各个时期,也不断地从"18世纪作者"、斯宾诺莎或马基雅维利那里迂回。这不能简单归结为他们"知识自传中的偶然事件"②,就阿尔都塞而言,也不能仅仅被视为一位哲学教师的日常功课。正如《自我批评材料》中所说的,这证明了"在哲学中成为马克思主义者绝非易事"。在那里,阿尔都塞第一次就这种"迂回"的**战略意义**作出说明:我们都从一个不由自己选择的、给定的点出发;为了认识这个出发点,先要付出巨大的努力来脱离它。哲学劳动总是要求**退却和迂回**,从别的哲学那里迂回,然后通过差异和划分来确立与捍卫自己的论点或"**立场**"。这种迂回和划分是哲学作为"理论中的阶级斗争"的表现形式,它决定了在这场永久而普遍的战争中,某种哲学将占据和坚守的**阵地**③。我们可以说,"从抽象上升到具

---

① 阿尔都塞,《黑母牛》,前引,第89页。

② 阿尔都塞,《自我批评材料》,前引,第67页。

③ 法文的"阵地"和"立场"是一个词:position。

体"就是马克思通过从黑格尔那里迂回并与黑格尔的唯心主义"幻觉"划清界限而确立的一个立场。它是阿尔都塞的"出发点"，又是他必须付出巨大的努力才能在自己的理论与政治实践中作为"结果"**重新占据**的立场———一个"对具体情况作具体分析"的位置。

为了占据这个位置，他首先"**从斯宾诺莎那里迂回，以便把马克思从黑格尔那里作出的迂回看得更清楚些**"①，从而与经验主义划清了界限。但"斯宾诺莎毕竟缺少黑格尔给予马克思的东西——**矛盾**。……'**矛盾**'**的不在场造成的结果，就是没有谈论意识形态中的阶级斗争。经由这个意识形态'理论'的缺口，科学/意识形态的理论主义就钻了进来**"②。于是，为了与"理论主义"划清界限，他又从"在黑格尔面前"的列宁那里迂回。这是"在一个迂回之上的迂回"③，目的是认识列宁通过从黑格尔那里迂回而占据的唯物主义立场，包括(重新)认识在这个立场之上确立的"对具体情况作具体分析"。

同样是为了占据这个"具体分析"的位置，阿尔都塞在《怎么办？》中**从葛兰西那里迂回**，以便与葛兰西的"绝对经验主义"划清界限。从《阅读〈资本论〉》到与《怎么办？》同年写作的《局限中的马克思》，阿尔都塞在向马克思主义上层建筑理论和"意识形态国家机器"理论的这位先行者表达敬意的同时，从未停止对葛兰西的批判。这一批判在《怎么办？》中达到了顶点。在这里，他跟随

① 阿尔都塞，《自我批评材料》，前引，第 69 页。

② 同上，第 82 页。

③ 同上，第 69 页。

葛兰西从经验主义的、因而与"具体分析"背道而驰的"绝对历史主义"前提出发,详尽地思考他如何"以内在一致的方式思考自己错误地思考着的东西"①——"有机知识分子""历史联合体""被动革命""实践哲学""市民社会""领导权""阵地战"……思考这些名声显赫的概念发明如何在一系列**历史主义的简化**中抹除了一系列**历史唯物主义的差异**,最终抹除了"下层建筑""归根到底起决定作用的"事实。而为了思考这些,他再次从**马基雅维利那里迂回**,去认识曾经同样从马基雅维利那里迂回的葛兰西。这又是"在一个迂回之上的迂回",它帮助阿尔都塞思考马基雅维利思想的丰富性在他的这位现代继承人的思想中如何被简化,马基雅维利思想中的"空白地带"(关于下层建筑、生产关系、再生产,等等)在马克思之后的葛兰西那里如何被故意抹除。同时,在《马基雅维利的孤独》和《马基雅维利和我们》里从未出现的一个字眼,在这里被用来定义马基雅维利和葛兰西思想的根本:它们都是一种"战略"。这显然是为具体分析"欧洲共产主义"战略提供理论支点——《怎么办?》的手稿在这一分析刚开始几页之后就中断了。

但理解了这种迂回,我们就能理解这部未完成著作的主题。阿尔都塞把批判的枪口瞄准葛兰西,实际上是要把子弹射向从葛兰西那里汲取"阵地战"灵感的"欧洲共产主义"战略。这一战略试图用"占领市民社会"的理论想象置换"占领国家"的现实难题;它不是通过"对具体情况作具体分析"来证明自己具备全球阶级斗争范围内的现实条件,而是用葛兰西的一系列理论简化和置

---

① 见本书,第64页。

换为自己走向"民主冒险主义"提供勇气。重要的是,阿尔都塞从葛兰西那里作出的迂回更像马基雅维利所说的:**瞄准得比目标要高一些**,才能射中想射的目标。① 葛兰西表达过同样的意思:"在意识形态战线,打败辅翼之敌和摇旗呐喊之辈几乎谈不上什么重要性。在这里,你必须和最杰出的对手交锋。"②这是因为"最杰出的对手"占据着**最重要的阵地**。在阿尔都塞描述的哲学战场上,就像在一切战场上那样,随着对对手的阵地进行迂回和划分,"人们说到底永远只能占领他们在对手那里所占领的阵地,因而只能占领对手的阵地"③,重新部署它们,使其为我所用,从而推进战线,改变战场的空间和力量对比。我们是否可以认为,通过迂回和划分,通过与使用"市民社会"概念引起的理论混乱及其后果划清界限,阿尔都塞已经把葛兰西那里最有力量的方面——"阵地战"的概念——占据为**自己的**"立场"了呢? 更重要的是,"瞄准得很高还有另一种意义,马基雅维利没有说,但却这样实践了——瞄准得很高,等于**向现存的东西之外**瞄准,以达到一个**并不存在**但却应当存在的目标"④。我们是否可以说,对于阿尔都塞来说,这个目标就是"对具体情况作具体分析"呢? "对具体情况

---

① 马基雅维利,《君主论》,潘汉典译,前引,第 24 页。

② 安东尼奥·葛兰西(Antonio Gramsci),《狱中札记选》(*Selections from the Prison Notebooks*),昆汀·霍尔(Quintin Hoare)和杰弗里·诺埃尔·史密斯(Geoffrey Nowell Smith)编译,伦敦,劳伦斯和威沙特出版社(Lawrence & Wishart),1971 年,第 432—433 页。

③ 阿尔都塞,《在哲学中成为马克思主义者》,吴子枫译,前引,第153 页。

④ 阿尔都塞,《马基雅维利和我们》,见陈越编,《哲学与政治:阿尔都塞读本》,前引,第 466 页。译文有修改。

作具体分析"作为阿尔都塞对于一个列宁式问题("怎么办?")的列宁式回答,像一个不断回旋和变奏的音乐主题,贯穿了这部著作的所有方面。

理解了这种迂回,我们也就能理解这部著作的性质。在阿尔都塞的哲学写作与政论写作之间,这部著作占据了一个独特的位置。这是一个在理论的迂回中确立的立场,准确地说,是**一条不断经由理论的迂回通向"具体分析"的道路**。实际上,这部著作**把立场展开为一条道路**,因为立场并不先于通向它的道路而存在;著作本身的未完成,不过是为证明这条道路属于一个"没有终点的过程"提供了偶然的证据。

在这条道路上,"为了使思想成为可能,就需要占据'不可能之物'的位置"①。

* * *

本书的翻译由我和我指导的 2020 级硕士生王宁泊、张靖松二位共同完成。他们当时初学法文,而且打算毕业后继续深造,从事学术工作。我便产生了一个类似于教学实验的想法:和他们一起翻译"阿尔都塞著作集"中的这本小册子。翻译是一种需要在实践中积累的"经验认识",除了绝对的认真、耐心和敬畏,我实在想不出在这上面可以有什么高于日复一日的劳动、脱离每一件"具体情况"的翻译理论和技巧之类的东西教给学生。

---

① 阿尔都塞,《在哲学中成为马克思主义者容易吗?》,见陈越编,《哲学与政治:阿尔都塞读本》,前引,第 178 页。译文有修改。

于是，接下来的一年多时间，他们按成品的要求认真完成初稿，而我逐字逐句修改、润色他们的译文和注释。每改好一章，就发还给他们，他们对照初稿反复阅读，仔细揣摩，在随后的翻译中改进，直至完工。然后，他们结合各自的学位论文，又译出了阿尔都塞和其他人的另一些文本，与本书的初译稿相比，可以看到他们在翻译上的明显进步。如今本书即将出版，他们也已经开始博士生阶段的学习。我相信对他们来说，这是一次宝贵的经验，他们从中得到了许多方面的学术训练，就像三十年前我自己初次投身翻译时那样。

感谢吴子枫对照原文通读译稿，提出很多有价值的意见，并且同意将他翻译的《致〈再生〉杂志的信(论葛兰西的思想)》一文作为附录收入本书。

本书是中文版"阿尔都塞著作集"的第五种。经常有朋友或读者询问我们打算翻译多少种。其实我们只顾埋头前行，并未给自己确定一个目标。友人丁耘兄不久前在题为《文明史观时代的唯物史观》的一席宏论中有言："阿尔都塞的真正复兴可能要在到达中国之后……"我想，阿尔都塞本人可能会赞同这个"可能"，因为他所说的那种真正的唯物主义者总是"顺便搭上一列行进的火车"，宁愿投身于"可能"，也不想预定一个目的。

陈　越

2023 年 9 月

著作权合同登记号：陕版出图字 25-2021-201

图书在版编目（CIP）数据

怎么办？／（法）路易·阿尔都塞著；陈越，王宁
泊，张靖松译. — 西安：西北大学出版社，2023.12
（精神译丛／徐晔，陈越主编）
ISBN 978-7-5604-5259-3

I. ①怎… II. ①路… ②陈… ③王… ④张… III.
①阿尔都塞（Althusser, Louis Pierre 1918—1990）—哲学
思想—研究 IV. ①B565.59

中国国家版本馆 CIP 数据核字（2023）第 222635 号

怎么办？
[法]路易·阿尔都塞 著
陈越 王宁泊 张靖松 译

出版发行：西北大学出版社
地　　址：西安市太白北路 229 号
邮　　编：710069
电　　话：029-88302590
经　　销：全国新华书店
印　　装：陕西博文印务有限责任公司
开　　本：889 毫米×1194 毫米　1/32
印　　张：8
字　　数：185 千
版　　次：2023 年 12 月第 1 版　2023 年 12 月第 1 次印刷
书　　号：ISBN 978-7-5604-5259-3
定　　价：79.00 元

Re 精神译丛（加*者为已出品种）